AF495796

OCTAVE

ET

LE JEUNE POMPÉE,

OU

LE TRIUMVIRAT.

AVEC

DES REMARQUES

SUR LES PROSCRIPTIONS.

PAR M. Voltaire

A AMSTERDAM,

Et se trouve A PARIS,

Chez LACOMBE, Libraire, Quai de Conti.

M. D. CC. LXVII.

PREFACE

DE L'ÉDITEUR.

CETTE tragédie affez ignorée, m'étant tombée entre les mains, j'ai été étonné d'y voir l'hiftoire prefqu'entièrement falfifiée ; & cependant les mœurs des romains du tems du triumvirat repréfentées avec le pinceau le plus fidele.

Ce contrafte fingulier m'a engagé à la faire imprimer avec des remarques que j'ai faites fur ces tems illuftres & funeftes d'un empire qui, tout détruit qu'il eft, attirera toujours les regards de vingt royaumes élevés fur fes débris, & dont chacun fe vante aujourd'hui d'avoir été une province des romains, & une des pieces de ce grand édifice. Il n'y a point de petite ville qui ne cherche à prouver qu'elle a eu l'honneur autrefois d'être faccagée par quelque conful romain ; &

on va même jufqu'à fuppofer des titres
de cette efpece de vanité humiliante.
Tout vieux château dont on ignore l'origine a été bâti par Céfar, du fond de
l'Efpagne au bord du Rhin : on voit par-
tout une tour de Céfar qui ne fit élever
aucune tour dans les pays qu'il fubju-
gua, & qui préférait fes camps retran-
chés à des ouvrages de pierres & de ci-
ment, qu'il n'avait pas le tems de conf-
truire dans la rapidité de fes expéditions.
Enfin les tems des Scipions , de Silla,
de Céfar , d'Augufte font beaucoup plus
préfens à notre mémoire que les premiers événemens de nos propres monarchies. Il femble que nous foyons encor
fujets des romains.

J'ofe dire dans mes notes ce que je
penfe de la plûpart de ces hommes cé-
lébres, tels que Céfar, Pompée, Antoine, Augufte, Caton, Cicéron, en ne ju-
geant que par les faits, & en ne me préoc-
cupant pour perfonne. Je ne prétends

point juger la piece. J'ai fait une étude particuliere de l'hiſtoire, & non pas du théâtre que je connais aſſez peu, & qui me ſemble un objet de goût plutôt que de recherches. J'avoue que j'aime à voir dans un ouvrage dramatique les mœurs de l'antiquité, & à comparer les héros qu'on met ſur le théâtre, avec la conduite & le caractere que les hiſtoriens leur attribuent. Je ne demande pas qu'ils faſſent ſur la ſcène ce qu'ils ont réellement fait dans leur vie. Mais je me crois en droit d'exiger qu'ils ne faſſent rien qui ne ſoit dans leurs mœurs : c'eſt-là ce qu'on appelle la vérité théâtrale.

Le public ſemble n'aimer que les ſentimens tendres & touchants, les emportements & les craintes des amantes affligées. Une femme trahie intéreſſe plus que la chûte d'un empire. J'ai trouvé dans cette piece des objets qui ſe rapprochent plus de ma maniere de penſer

& de celle de quelques lecteurs, qui fans exclure aucun genre, aiment les peintures des grandes révolutions ou plutôt des hommes qui les ont faites. S'il n'avait été queftion que des amours d'Octave & du jeune Pompée dans cette piece, je ne l'aurais ni commentée, ni imprimée. Je m'en fuis fervi comme d'un fujet qui m'a fourni des réflexions fur le caractere des romains, fur ce qui intéreffe l'humanité & fur ce qu'on peut découvrir de vérités hiftoriques.

J'aurais defiré qu'on eût commenté ainfi les tragédies de Pompée, de Sertorius, de Cinna, des Horace, & qu'on eût démêlé ce qui appartient à la vérité & ce qui appartient à la fable. Il eft certain, par exemple, que Céfar ne tint à Ptolémée aucun des difcours que lui prête le fublime & inégal auteur de la mort de Pompée, & que Cornelie ne parla point à Céfar comme on l'a fait parler, puifque Ptolomée était un enfant de douze à treize ans, & Cornelie une femme de dix-huit, qui ne vit jamais Céfar, qui n'aborda point en Egypte, & qui ne joua aucun rôle dans les guerres civiles. Il n'y a jamais eu d'Emilie qui ait confpiré avec Cinna, tout cela eft une invention du génie du poète. La confpiration de Cinna n'eft probablement qu'un fujet fabuleux de déclamation, inventé par Senéque, comme je le dis dans mes notes.

De toutes les tragédies que nous avons, celle qui s'écarte le moins de la vérité hiftorique & qui peint le cœur le plus fidelement, ferait Britannicus, fi l'intrigue n'était pas uniquement fondée fur les prétendus amours de Britannicus & de Junie, & fur la jaloufie de Néron. J'efpere que les éditeurs qui ont annoncé les commentaires des ouvrages de Racine par foufcription, n'oublieront pas de remarquer comment ce grand homme a fondu & embelli Tacite dans fa piece. Je penfe que fi Néron n'avait pas la pué-

rilité de fe cacher derriere une tapifferie
pour écouter l'entretien de Britannicus
& de Junie, & fi le cinquiéme acte pouvait être plus animé, cette piece ferait
celle qui plairait le plus aux hommes d'é-
tat & aux efprits cultivés.

En un mot, on voit affez quel eft mon
but dans l'édition que je donne. Le ma-
nufcrit de cette tragédie eft intitulé
Octave & le jeune Pompée, j'y ai ajouté
le titre du *Triumvirat*. Il m'a paru que
ce titre réveille plus l'attention & préfente à l'efprit une image plus forte &
plus grande. Je fais gré à l'auteur d'a-
voir fupprimé Lépide & de n'avoir parlé
de cet indigne romain, que comme il le
méritait.

Encore une fois je ne prétends point
juger de la piéce. Il faut toujours attendre le jugement du public ; mais il me
femble que l'auteur écrit plus pour les
lecteurs que pour les fpectateurs. Sa piéce
m'a paru tenir beaucoup plus du terrible

que du genre qui attendrit le cœur & qui le déchire.

On m'assure même que l'auteur n'a point prétendu faire une tragédie pour le théâtre de Paris , & qu'il n'a voulu que rendre odieux la plûpart des perfonnages de ces tems atroces ; c'est en quoi il m'a paru qu'il avoit réussi. La piéce est peut-être dans le goût anglais. Il est bon d'avoir des ouvrages dans tous les genres.

Il m'importe peu de connaître l'auteur. Je ne me suis occupé que de faire sur cet ouvrage des notes qui peuvent être utiles. Les gens de lettres qui aiment ces recherches, & pour qui seuls j'écris, en feront les juges.

J'ai employé la nouvelle orthografe. Il m'a paru qu'on doit écrire , autant qu'on le peut, comme on parle, & quand il n'en coûte qu'un *a* au lieu d'un *o* pour distinguer les français de saint François d'Assise , comme dit l'auteur de la Henriade, & pour faire sentir qu'on prononce anglais & danois; ce n'est ni une grande peine, ni une grande difficulté de mettre un *a* qui indique la vraie prononciation à la place de cet *o* qui vous trompe.

F I N.

OCTAVE

ET

LE JEUNE POMPÉE,

OU

LE TRIUMVIRAT.

TRAGÉDIE.

PERSONNAGES.

OCTAVE, surnommé depuis Auguste.

MARC ANTOINE.

LE JEUNE POMPÉE.

JULIE, fille de Lucius César.

FULVIE, femme de Marc Antoine.

ALBINE, suivante de Fulvie.

AUFIDE, tribun militaire.

TRIBUNS, CENTURIONS, LICTEURS, SOLDATS.

LE TRIUMVIRAT.

ACTE PREMIER.

SCENE PREMIERE.

Le Théâtre repréſente l'île où les triumvirs firent les proſcriptions & le partage du monde. La ſcene eſt obſcurcie, on entend le tonnerre, on voit des éclairs. La ſcene découvre des rochers, des précipices & des tentes dans l'éloignement.

FULVIE, ALBINE.

FULVIE.

QUELLE effroyable nuit ! Que le couroux céleſte
Eclate avec juſtice en cette île funeſte (1) !

ALBINE.

Ces tremblemens soudains, ces rochers renversés,
Ces volcans infernaux jusqu'au ciel élancés,
Ce fleuve soulevé roulant sur nous son onde,
Ont fait craindre aux humains les derniers jours du monde.
La foudre a dévoré ce détestable airain,
Ces tables de vengeance, où le fatal burin
Epouvantait nos yeux d'une liste de crimes,
De l'ordre du carnage, & des noms des victimes.
Vous voyez en effet que nos proscriptions
Sont en horreur au ciel, ainsi qu'aux nations.

FULVIE.

Tombe sur nos tyrans cette foudre égarée,
Qui frappant vainement une terre abhorrée,
A détruit dans les mains de nos maîtres cruels
Les instrumens du crime & non les criminels !
Je voudrais avoir vu cette île anéantie
Avec l'indigne affront dont on couvre Fulvie.
Que font nos trois tyrans dans ce désordre affreux ?
Quelques remords au moins ont-ils approché d'eux ?

ALBINE.

Dans cette île tremblante aux éclats du tonnerre,

Tranquiles dans leur tente ils partageaient la terre ;
Du fénat & du peuple ils ont réglé le fort ,
Et dans Rome fanglante ils envoyaient la mort.

FULVIE.

Antoine me la donne ; ô jour d'ignominie !
Il me quitte ; il me chaffe , il époufe Octavie (2) ;
D'un divorce odieux j'attends l'infâme écrit ,
Je fuis répudiée , & c'eft moi qu'on profcrit.

ALBINE.

Oferait-il vous faire une pareille injure !

FULVIE.

L'affaffin des romains craint-il d'être parjure ?
Je l'ai trop bien fervi : tout barbare eft ingrat ;
Il prétexte envers moi l'intérêt de l'état ;
Mais ce grand intérêt n'eft que celui d'un traître ,
Qui ménageant Octave en eft trompé peut-être.

ALBINE.

Octave vous aima (3). Se peut-il qu'aujourd'hui
Vos malheurs , vos affronts ne viennent que de lui ?

FULVIE.

Qui peut connaître Octave ? & que fon caractere

Eſt différent en tout du grand cœur de ſon pere !
Je l'ai vu dans l'erreur de ſes égaremens,
Paſſer Antoine même en ſes emportemens (4).
Je l'ai vu des plaiſirs goûter la folle ivreſſe ;
Je l'ai vu des Catons affecter la ſageſſe.
Après m'avoir offert un criminel amour,
Ce Protée à ma chaîne échappa ſans retour.
Tantôt il eſt affable , & tantôt ſanguinaire.
Il adore Julie , il a proſcrit ſon pere ;
Il hait, il craint Antoine , & lui donne ſa ſœur ;
Antoine eſt forcené , mais Octave eſt trompeur.
Ce ſont là les héros qui gouvernent la terre,
Ils font en ſe jouant & la paix & la guerre,
Du ſein des voluptés ils nous donnent des fers.
A quels maîtres , grands Dieux ! livrez-vous l'univers !
Albine , les lions au ſortir des carnages,
Suivent en rugiſſant leurs compagnes ſauvages,
Les tigres font l'amour avec férocité ;
Tels ſont nos triumvirs. Antoine enſanglanté
Prépare de l'hymen la déteſtable fête.
Octave a de Julie entrepris la conquête,
Et dans ce jour de ſang , de triſteſſe & d'horreur,
L'amour de tous côtés ſe mêle à la fureur.

Julie abhorre Octave : elle n'eſt occupée
Que de livrer ſon cœur au fils du grand Pompée,
Si Pompée eſt écrit ſur le livre fatal,
Octave en l'immolant frappe en lui ſon rival.
Voilà donc les reſſorts du deſtin de l'empire,
Ces grands ſecrets d'état que l'ignorance admire !
Ils étonnent de loin les vulgaires eſprits ;
Ils inſpirent de près l'horreur & le mépris.

A L B I N E.

Que de baſſeſſe, ô ciel ! & que de tyrannie !
Quoi ! les maîtres du monde en ſont l'ignominie !
Je vous plains : je penſais que Lépide aujourd'hui
Contre ces deux ingrats vous ſervirait d'appui.
Vous unites vous-même Antoine avec Lépide.

F U L V I E.

A peine eſt-il compté dans leur troupe homicide.
Subalterne tyran, pontife mépriſé,
De ſon faible génie ils ont trop abuſé ;
Inſtrument odieux de leurs ſanglants caprices,
C'eſt un vil ſcélerat ſoumis à ſes complices ;
Il ſigne leurs décrets ſans être conſulté,
Et penſe agir encor avec autorité.

A iv

Mais si dans mes chagrins quelques douceurs me restent,
C'est que mes deux tyrans en secret se détestent (5).
Cet hymen d'Octavie & ses faibles appas
Eloignent la rupture & ne l'empêchent pas.
Ils se connaissent trop ; ils se rendent justice.
Un jour je les verrai préparant leur suplice,
Allumer la discorde avec plus de fureur,
Que leur fausse amitié n'étale ici d'horreur.

SCENE II.

FULVIE, ALBINE, AUFIDE.

FULVIE.

AUFIDE, qu'a-t-on fait ? Quelle est ma destinée ?
A quel abaissement suis-je enfin condamnée ?

AUFIDE.

Le divorce est signé de cette même main ,
Que l'on voit à longs flots verser le sang romain ;
Et bientôt vos tyrans viendront sous cette tente
Partager des proscrits la dépouille sanglante.

FULVIE.

Puis-je compter sur vous ?

A u f i d e.

> Né dans votre maison,

Si je fers fous Antoine & dans fa légion,

Je ne fuis qu'à vous feule. Autrefois mon épée
Aux champs theffaliens fervit le grand Pompée.
Je rougis d'être ici l'efclave des fureurs
Des vainqueurs de Pompée & de vos oppreffeurs.

F u l v i e.

(*à part*).
A quoi me réfoudrai-je ?

A u f i d e.

> A vous venger.

F u l v i e.

> Sans doute ;

Je le dois, je le veux ; il n'eft rien qui me coute,
Il n'eft rien que je craigne. Et dans nos factions
On a compté Fulvie au rang des plus grands noms.
Je n'ai qu'une reffource, Aufide, en ma difgrace ;
Le parti de Pompée eft celui que j'embraffe ;
Et Lucius Céfar a des amis fecrets (6)
Qui fauront à ma caufe unir fes intérêts.
Il eft, vous le favez, le pere de Julie ;

Il fut profcrit ; enfin tout me le concilie.
Julie eft-elle à Rome ?

AUFIDE.

On n'a pu l'y trouver.
Octave tout puiffant l'aura fait enlever :
Le bruit en a couru.

FULVIE.

Le rapt & l'homicide ,
Ce font là fes exploits ! voilà nos loix , Aufide.
Mais le fils de Pompée eft-il en fûreté ?
Qu'en avez-vous appris ?

AUFIDE.

Son arrêt eft porté ;
Et l'infâme avarice au pouvoir affervie (7)
Doit trancher à prix d'or une fi belle vie.
Tels font les vils romains.

FULVIE.

Quoi ! tout efpoir me fuit !
Non : je défie encor le fort qui me pourfuit ;
Les tumultes des camps ont été mes aziles :
Mon génie étoit né pour les guerres civiles (8) ,

Pour ce siecle effroyable où j'ai reçu le jour.

Je veux.... Mais j'apperçois dans ce sanglant séjour

Les licteurs des tyrans, leurs lâches satellites,

Qui de ce camp barbare occupent les limites.

Vous qu'un emploi funeste attache ici près d'eux,

Demeurez ; écoutez leurs complots ténébreux ;

Vous m'en avertirez ; & vous viendrez m'apprendre

Ce que je dois souffrir, ce qu'il faut entreprendre.

(Elle sort avec Albine.)

A U F I D E.

Moi le soldat d'Antoine ! A quoi suis-je réduit !

De trente ans de travaux quel exécrable fruit !

(Tandis qu'il parle, on avance la tente où Octave &
Antoine vont se placer. Les licteurs l'entourent & for-
ment un demi-cercle. Aufide se range à côté de la tente).

S C E N E I I I.

OCTAVE, ANTOINE *de bout dans la tente, une*
table derriere eux.

A N T O I N E.

Octave, c'en est fait, & je la répudie.

Je resserre nos nœuds par l'hymen d'Octavie.

Mais ce n'eſt pas aſſez pour éteindre ces feux
Qu'un intérêt jaloux allume entre nous deux.
Deux chefs toujours unis ſont un exemple rare ;
Pour les concilier il faut qu'on les ſépare.
Vingt fois votre Agrippa, vos confidents, les miens
Depuis que nous regnons ont rompu nos liens.
Un compagnon de plus, ou qui du moins croit l'être,
Sur le trône avec nous affectant de paraître,
Lépide, eſt un fantôme aiſément écarté (9),
Qui rentre de lui-même en ſon obſcurité.
Qu'il demeure pontife, & qu'il préſide aux fêtes
Que Rome en gémiſſant conſacre à nos conquêtes.
La terre n'eſt qu'à nous & qu'à nos légions.
Il eſt tems de fixer le ſort des nations ;
Réglons ſur-tout le nôtre ; & quand tout nous ſeconde
Ceſſons de différei le partage du monde.

(Ils s'aſſeient à la table où ils doivent ſigner).

O C T A V E.

Mes deſſeins dès long-tems ont prévenu vos vœux.
J'ai voulu que l'empire appartînt à tous deux,
Songez que je prétends la Gaule & l'Illirie,
Les Eſpagnes, l'Afrique, & ſur-tout l'Italie,

L'Orient est à vous (10).

A N T O I N E.

Telle est ma volonté ;
Tel est le sort du monde entre nous arrêté.
Vous l'emportez sur moi dans ce nouveau partage ;
Je ne me cache point quel est votre avantage ;
Rome va vous servir : vous aurez sous vos loix
Les vainqueurs de la terre ; & je n'ai que des rois (11) ;
Je veux bien vous céder. J'exige en récompense
Que votre autorité secondant ma puissance
Extermine à jamais les restes abattus
Du parti de Pompée & du traître Brutus.
Qu'aucun n'échappe aux loix que nous avons portées.

O c t a v e.

D'assez de sang peut-être elles sont cimentées.

A n t o i n e.

Comment ! vous balancez ! je ne vous connais plus !
Qui peut troubler ainsi vos vœux irrésolus ?

O c t a v e.

Le ciel même a détruit ces tables si cruelles.

ANTOINE.

Le ciel qui nous seconde en permet de nouvelles.
Craignez-vous un augure (12) ?

OCTAVE.

Et ne craignez-vous pas
De révolter la terre à force d'attentats ?
Nous voulons enchaîner la liberté romaine,
Nous voulons gouverner ; n'excitons plus la haine.

ANTOINE.

Nommez-vous la justice une inhumanité ?
Octave, un triumvir par César adopté,
Quand je venge un ami, craint de venger un pere !
Vous oublieriez son sang pour flatter le vulgaire !
A qui prétendez-vous accorder un pardon
Quand vous m'avez vous-même immolé Cicéron ?

OCTAVE.

Rome pleure sa mort.

ANTOINE.

Elle pleure en silence.
Cassius & Brutus réduits à l'impuissance

Inspireront peut-être aux autres nations
Une éternelle horreur de nos proscriptions.
Laissons-les en tracer d'effroyables images ,
Et contre nos deux noms révolter tous les âges.
Assassins de leur maître & de leur bienfaicteur ,
C'est leur indigne nom qui doit être en horreur :
Ce sont les cœurs ingrats qu'il est tems qu'on punisse,
Seuls ils sont criminels & nous fesons justice.
Ceux qui les ont servis , qui les ont approuvés ,
Aux mêmes châtiments feront tous réservés.
De vingt mille guerriers péris dans nos batailles ,
D'un œil sec & tranquile on voit les funérailles ,
Sur leurs corps étendus victimes du trépas
Nous volons sans pâlir à de nouvaux combats ;
Et de la trahison cent malheureux complices
Seraient au grand César de trop chers sacrifices !

O C T A V E.

Dans Rome en ce jour même on venge encor sa mort,
Mais sachez qu'à mon cœur il en coute un effort.
Trop d'horreur à la fin peut souiller sa vengeance ;
Je serais plus son fils si j'avais sa clémence.

ANTOINE.

La clémence aujourd'hui peut nous perdre tous deux.

OCTAVE.

L'excès des cruautés ferait plus dangereux.

ANTOINE.

Redoutez-vous le peuple ?

OCTAVE.

Il faut qu'on le ménage.
Il faut lui faire aimer le frein de l'efclavage.
D'un œil d'indifférence il voit la mort des grands ;
Mais quand il craint pour lui , malheur à fes tyrans !

ANTOINE.

J'entends ; à mes périls vous cherchez à lui plaire ,
Vous voulez devenir un tyran populaire.

OCTAVE.

Vous m'imputez toujours quelques fecrets defreins.
Sacrifier Pompée (1 3) eft-ce plaire aux romains ?
Mes ordres aujourd'hui renverfent leur idole.

Tandis

Tandis que je vous parle on le frappe, on l'immole :
Que voulez-vous de plus ?

ANTOINE.

Vous ne m'abufez pas ;
Il vous en coûte peu d'ordonner fon trépas :
A nos vrais intérêts fa mort fut néceffaire.
Mais d'un rival fecret vous voulez vous défaire ;
Il adorait Julie, & vous étiez jaloux :
Votre amour outragé conduifait tous vos coups.
De nos engagements rempliffez l'étendue.
De Lucius Céfar la mort eft fufpendue ;
Oui, Lucius Céfar contre nous conjuré.....

OCTAVE.
Arrêtez.

ANTOINE.

Ce coupable eft-il pour nous facré ?
Je veux qu'il meure...

OCTAVE (*fe levant*).

Lui ? le pere de Julie !

ANTOINE.

Oui, lui-même.

B

OCTAVE.

Ecoutez, notre intérêt nous lie,
L'hymen étreint ces nœuds. Mais si vous persistez
A demander le sang que vous persécutez,
Dès ce jour entre nous je romps toute alliance.

ANTOINE.

Octave, je sais trop que notre intelligence
Produira la discorde & trompera nos vœux.
Ne précipitons point des tems si dangéreux.
Voulez-vous m'offenser ?

OCTAVE.

Non : mais je suis le maître
D'épargner un proscrit qui ne devait pas l'être.

ANTOINE.

Mais vous-même avec moi vous l'aviez condamné.
De tous nos ennemis c'est le plus obstiné.
Qu'importe si sa fille un moment vous fut chere ?
A notre sûreté je dois le sang du pere.
Les plaisirs inconstans d'un amour passager
A nos grands intérêts n'ont rien que d'étranger.

Vous avez jusqu'ici peu connu la tendresse ;
Et je n'attendais pas cet excès de faiblesse.

Octave.

De faiblesse !...& c'est vous qui m'oseriez blâmer !
C'est Antoine aujourd'hui qui me défend d'aimer !

Antoine.

Nous avons tous les deux mêlé dans les allarmes
Les fêtes, les plaisirs à la fureur des armes ;
César en fit autant (14) ; mais par la volupté
Le cours de ses exploits ne fut point arrêté.
Je le vis dans l'Egypte amoureux & févère,
Adorer Cléopatre en immolant son frere.

Octave.

Ce fut pour la fervir. Je peux vous voir un jour
Plus aveuglé que lui, plus faible à votre tour.
Je vous connais affez : mais quoi qu'il en arrive ,
J'ai rayé Lucius , & je prétends qu'il vive.

Antoine.

Je n'y confentirai qu'en vous voyant figner
L'arrêt de ces profcrits qu'on ne peut épargner.

B ij

OCTAVE.

Je vous l'ai déja dit , j'étais las du carnage
Où la mort de César a forcé mon courage.
Mais puisqu'il faut enfin ne rien faire à demi ,
Que le salut de Rome en doit être affermi ,
Qu'il me faut consommer l'horreur qui nous rassemble;
Je céde , je me rends... J'y souscris... Ma main tremble.

(Il s'assied & signe).

Allez , Tribuns , portez ces funestes Edits :

(à Antoine qui s'assied & signe),

Et nous , puissions-nous être à jamais réunis !

ANTOINE.

Vous , Aufide , demain vous conduirez Fulvie.
Sa retraite est marquée aux champs de l'Appulie :
Que je n'entende plus ses cris séditieux.

OCTAVE.

Ecoutons ce Tribun qui revient en ces lieux.
Il arrive de Rome , & pourra nous apprendre
Quel respect à nos Loix le Sénat a dû rendre.

SCENE IV.

OCTAVE, ANTOINE, AUFIDE, UN TRIBUN, LICTEURS.

ANTOINE (*au Tribun*).

A-T-ON des triumvirs accompli les deſſeins ?
Le ſang aſſure-t-il le repos des humains ?

LE TRIBUN.

Rome tremble & ſe tait au milieu des ſupplices.
Il nous reſte à frapper quelques ſecrets complices,
Quelques vils ennemis d'Antoine & des Céſars,
Reſtes des conjurés de ces ides de mars,
Qui dans les derniers rangs cachant leur haine obſcure,
Vont du peuple en ſecret exciter le murmure,
Paulus, Albin, Cotta, les plus grands ſont tombés ;
A la proſcription peu ſe ſont dérobés.

OCTAVE.

A-t-on de l'univers affermi la conquête ?
Et du fils de Pompée apportez-vous la tête ?
Pour le bien de l'état j'ai dû la demander.

LE TRIBUN.

Les dieux n'ont pas voulu, seigneur, vous l'accorder.
Trop chéri des romains ce jeune téméraire
Se paraît à leurs yeux des vertus de son pere ;
Et lorsque par mes soins des têtes des proscrits
Aux murs du capitole on affichait le prix ,
Pompée à leur salut mettait des récompenses ;
Il a par des bienfaits combattu vos vengeances :
Mais quand vos légions ont marché sur nos pas ,
Alors fuyant de Rome & cherchant les combats ,
Il s'avance à Céséne , & vers les Pyrenées
Doit aux fils de Caton joindre ses destinées ;
Tandis qu'en orient Cassius & Brutus ,
Conjurés trop fameux par leurs fausses vertus ,
A leur faible parti rendant un peu d'audace
Osent vous défier dans les champs de la Thrace.

ANTOINE.

Pompée est échappé !

OCTAVE.

Ne vous allarmez pas.
En quelques lieux qu'il soit la mort est sur ses pas.

Si mon pere a du sien triomphé dans Pharsale
J'attends contre le fils une fortune égale.
Et le nom de Céfar dont je suis honoré,
De sa perte à mon bras fait un devoir sacré.

A N T O I N E,

Préparons donc soudain cette grande entreprise ;
Mais que notre intérêt jamais ne nous divise.
Le fang du grand Céfar est déja joint au mien,
Votre fœur est ma femme ; & ce double lien
Doit affermir le joug où nos mains triomphantes
Tiendront à nos genoux les nations tremblantes.

S C E N E V.

O C T A V E ; L E T R I B U N *éloigné.*

O c t a v e.

Que feront tous ces nœuds ! nous sommes deux tyrans.
Puissances de la terre avez-vous des parents !
Dans le fang des Céfars Julie a pris naissance,
Et loin de rechercher mon utile alliance
Elle n'a regardé cette triste union
Que comme un des arrêts de la proscription.

(*Au Tribun*).

Revenez.... Quoi ! Pompée échappe à ma vengeance !
Quoi ! Julie avec lui ferait d'intelligence !
On ignore en quels lieux elle a porté ses pas ?

LE TRIBUN.

Son pere en est instruit ; & l'on n'en doute pas.
Lui-même de sa fille a préparé la fuite.

OCTAVE.

De quoi s'informe ici ma raison trop séduite !
Quoi ! lorsqu'il faut régir l'univers consterné,
Entouré d'ennemis, du meurtre environné,
Teint du sang des proscrits que j'immole à mon pere,
Détesté des romains, peut-être d'un beau frere ;
Au milieu de la guerre, au sein des factions
Mon cœur serait ouvert à d'autres passions !
Quel mêlange inouï ! Quelle étonnante ivresse,
D'amour, d'ambition, de crimes, de faiblesse !
Quels soucis dévorants viennent me consumer !
Destructeur des humains t'appartient-il d'aimer !

ACTE SECOND.

SCENE PREMIERE.

FULVIE, AUFIDE.

AUFIDE.

Oui, j'ai tout entendu ; le sang & le carnage
Ne coutaient rien, Madame, à votre époux volage.
Je suis toujours surpris que ce cœur effréné
Plongé dans la licence, au vice abandonné,
Dans les plaisirs affreux qui partagent sa vie
Garde une cruauté tranquille & réfléchie.
Octave même, Octave, en paraît indigné ;
Il regrettait le sang où son bras s'est baigné ;
Il n'était plus lui-même : il semble qu'il rougisse
D'avoir eu si long-tems Antoine pour complice.
Peut-être aux yeux des siens il feint un repentir
Pour mieux tromper la terre & mieux l'assujettir.
Ou peut-être son ame en secret révoltée
De sa propre furie était épouvantée.
J'ignore s'il est né pour éprouver un jour
Vers l'humaine équité quelque faible retour (15).

Mais il a difputé fur le choix des victimes ;
Et je l'ai vu trembler en fignant tant de crimes.

FULVIE.

Qu'importe à mes affronts ce faible & vain remord !
Chacun d'eux tour à tour me donne ici la mort.
Octave que tu crois moins dur & moins féroce ,
Sous un air plus humain cache un cœur plus atroce ;
Il agit en barbare , & parle avec douceur.
Je vois de fon efprit la profonde noirceur ,
Le fphinx eft fon emblême , & nous dit qu'il préfére
Ce fymbole du fourbe aux aigles de fon pere.
A tromper l'univers il mettra tous fes foins.
De vertus incapable il les feindra du moins ;
Et l'autre aura toûjours dans fa vertu guerriere
Les vices forcenés de fon ame groffiere.
Ils ofent me bannir ; c'eft-là ce que je veux.
Je ne demandais pas à gémir auprès d'eux ,
A refpirer encor un air qu'ils empoifonnent.
Rempliffons fans tarder les ordres qu'ils me donnent ;
Partons. Dans quels païs , dans quels lieux ignorés
Ne les verrons-nous pas comme à Rome abhorrés !
Je trouverai par-tout l'aliment de ma haine.

SCENE II.

FULVIE, ALBINE, AUFIDE.

ALBINE.

Madame, efpérez tout; Pompée eft à Céféne,
Mille romains en foule ont devancé fes pas;
Son nom & fes malheurs enfantent des foldats.
On dit qu'à la valeur joignant la diligence,
Dans cette île barbare il porte la vengeance.
Que les trois affaffins à leur tour font profcrits,
Que de leur fang impur on a fixé le prix.
On dit que Brutus même avance vers le Tybre,
Que la terre eft vengée, & qu'enfin Rome eft libre.
Déja dans tout le camp ce bruit s'eft répandu;
Et le foldat murmure, ou demeure éperdu.

FULVIE.

On en dit trop, Albine : un bien fi defirable
Eft trop prompt & trop grand pour être vraifemblable;
Mais ces rumeurs au moins peuvent me confoler,
Si mes perfécuteurs apprennent à trembler.

AUFIDE.

Il eſt des fondements à ce bruit populaire.
Un peu de vérité fait l'erreur du vulgaire.
Pompée a ſu tromper le fer des aſſaſſins ,
C'eſt beaucoup ; tout le reſte eſt ſoumis aux deſtins.
Je ſais qu'il a marché vers les murs de Céſéne ,
De ſon départ au moins la nouvelle eſt certaine ;
Et le bruit qu'on répand nous confirme aujourd'hui
Que les cœurs des romains ſe ſont tournés vers lui.
Mais ſon danger eſt grand ; des légions entieres
Marchent ſur ſon paſſage & bordent les frontieres.
Pompée eſt téméraire , & ſes rivaux prudents.

FULVIE.

La prudence eſt ſur-tout néceſſaire aux méchants.
Mais ſouvent on la trompe : un heureux téméraire
Confond en agiſſant celui qui délibére.
Enfin Pompée approche. Unis par la fureur
Nos communs intérêts m'annoncent un vengeur.
Les révolutions fatales, ou proſperes ,
Du ſort qui conduit tout ſont les jeux ordinaires.
La fortune à nos yeux fit monter ſur ſon char
Sylla , deux Marius , & Pompée & Céſar ;

Elle a précipité ces foudres de la guerre ;

De leur fang tour à tour elle a rougi la terre.

Rome a changé de loix, de tyrans, & de fers :

Déja nos triumvirs éprouvent des revers ;

Caffius & Brutus menacent l'Italie.

J'irai chercher Pompée aux fables de Lybie.

Après mes deux affronts indignement foufferts,

Je me confolerais en troublant l'univers.

Rappellons & l'Efpagne & la Gaule irritée

A cette liberté que j'ai perfécutée.

Puïffai-je dans le fang de ces monftres heureux,

Expier les forfaits que j'ai commis pour eux !

Pardonne, Cicéron, de Rome heureux génie,

Mes deftins t'ont vengé, tes bourreaux m'ont punie :

Mais je mourrai contente en des malheurs fi grands,

Si je meurs comme toi le fléau des tyrans !

(*A Aufide*).

Avant que de partir tâchez de vous inftruire

Si de quelque efpérance un rayon peut nous luire.

Profitez des moments où les foldats troublés

Dans le camp des tyrans paraiffent ébranlés.

Annoncez-leur Pompée ; à ce grand nom peut-être

Ils fe repentiront d'avoir un autre maître.

Allez.

(Ici on voit dans l'enfoncement Julie couchée entre des rochers).

SCENE III.
FULVIE, ALBINE.

FULVIE.

QUE vois-je au loin dans ces rochers déferts,
Sur ces bords efcarpés d'abîmes entrouverts ?
Que préfente à mes yeux la terre encor tremblante ?

ALBINE.

Je vois, ou je me trompe, une femme expirante.

FULVIE.

Eft-ce quelque victime immolée en ces lieux ?
Peut-être les tyrans l'expofent à nos yeux,
Et par un tel fpectacle ils ont voulu m'apprendre
De leur triumvirat ce que je dois attendre.
Allez, j'entends d'ici fes fanglots & fes cris,
Dans fon cœur oppreffé rappellez fes efprits.
Conduifez-la vers moi.

SCENE IV.

FULVIE, *sur le devant du théâtre*, JULIE, *au fond vers un des côtés soutenue par* ALBINE.

JULIE.

Dieux vengeurs que j'adore !
Ecoutez-moi, voyez pour qui je vous implore !
Secourez un héros, ou faites moi mourir !

FULVIE.

De ses plaintifs accents je me sens attendrir.

JULIE.

Où suis-je ! & dans quels lieux les flots m'ont-ils jettée ?
Je promene en tremblant ma vue épouvantée.
Où marcher ? .... Quelle main m'offre ici son secours ,
Et qui vient ranimer mes misérables jours ?

FULVIE.

Sa gémissante voix ne m'est point inconnue.
Avançons. ...Ciel ! que vois-je ! en croirai-je ma vue ?
Destins qui vous jouez des malheureux mortels ,

Amenez-vous Julie en ces lieux criminels ?
Ne me trompai-je point ?..N'en doutons plus, c'eft elle.

JULIE.

Quoi ! d'Antoine, grand Dieu ! c'eft l'époufe cruelle !
Je fuis perdue !

FULVIE.

Hélas ! que craignez-vous de moi ?
Eft-ce aux infortunés d'infpirer quelque effroi ?
Voyez moi fans trembler ; je fuis loin d'être à craindre,
Vous êtes malheureufe , & je fuis plus à plaindre.

JULIE.
Vous !

FULVIE.

Quel événement & quels dieux irrités
Ont amené Julie en ces lieux déteftés ?

JULIE.

Je ne fais où je fuis : un déluge effroyable
Qui femblait engloutir une terre coupable ,
Des tremblements affreux , des foudres dévorants ,
Dans les flots débordés ont plongé mes fuivants.
Avec un feul guerrier de la mort échappée ,

J'ai

J'ai marché quelque-tems dans cette île escarpée :
Mes yeux ont vu de loin des tentes , des soldats ;
Ces rochers ont caché ma terreur & mes pas.
Celui qui me guidait a cessé de paraître.
A peine devant vous puis-je me reconnaître ;
Je me meurs.

F U L V I E.

Ah ! Julie !

J U L I E.

Eh quoi , vous soupirez !

F U L V I E.

De vos maux & des miens mes sens sont déchirés.

J U L I E.

Vous souffrez comme moi! quel malheur vous opprime!
Hélas ! où sommes-nous ?

F U L V I E.

Dans le séjour du crime ;
Dans cette île exécrable où trois monstres unis
Ensanglantent le monde & restent impunis.

C

JULIE.

Quoi ! c'eſt ici qu'Antoine & le barbare Octave
Ont condamné Pompée & font la terre eſclave !

FULVIE.

C'eſt ſous ces pavillons qu'ils reglent notre ſort.
De Pompée ici même ils ont ſigné la mort.

JULIE.

Soutenez-moi , grands dieux !

FULVIE.

                 De cet affreux repaire
Ces tigres ſont ſortis. Leur troupe ſanguinaire
Marche en ce même inſtant au rivage oppoſé.
L'endroit où je vous parle eſt le moins expoſé ;
Mes tentes ſont ici ; gardez qu'on ne vous voie.
Venez , calmez ce trouble où votre ame ſe noie.

JULIE.

Et la femme d'Antoine eſt ici mon appui !

FULVIE.

Graces à ſes forfaits je ne ſuis plus à lui.

Je n'ai plus désormais de parti que le vôtre.

Le destin par pitié nous rejoint l'une à l'autre.

Qu'est devenu Pompée ?

J U L I E.

Ah ! que m'avez-vous dit !

Pourquoi vous informer d'un malheureux proscrit ?

F U L V I E.

Est-il en sûreté ? Parlez en assurance,

J'atteste ici les dieux, & Rome & ma vengeance,

Ma haine pour Octave, & mes transports jaloux,

Que mes soins répondront de Pompée & de vous;

Que je vais vous défendre au péril de ma vie.

J U L I E.

Hélas ! c'est donc à vous qu'il faut que je me fie !

Si vous avez aussi connu l'adversité,

Vous n'aurez pas sans doute assez de cruauté

Pour achever ma mort & trahir ma misere.

Vous voyez où des dieux me conduit la colere.

Vous avez dans vos mains par d'étranges hazards

Le destin de Pompée & du sang des Césars.

J'ai réuni ces noms. L'intérêt de la terre

C ij

A formé notre hymen au milieu de la guerre.

Rome, Pompée & moi, tout est prêt à périr :

Aurez-vous la vertu d'oser les secourir ?

FULVIE.

J'oserai plus encor : s'il est sur ce rivage,

Qu'il daigne seulement seconder mon courage.

Oui, je crois que le ciel si long-tems inhumain

Pour nous venger tous trois l'a conduit par la main ;

Oui, j'armerai son bras contre la tyrannie.

Parléz.

JULIE.

Que vous dirai-je ? errante, poursuivie,

Je fuyais avec lui le fer des assassins

Qui de Rome sanglante inondaient les chemins ;

Nous allions vers son camp : déjà sa renommée

Vers Céfène assemblait les débris d'une armée ;

A travers les dangers près de nous renaissants

Il conduisait mes pas incertains & tremblants.

La mort était par-tout : les sanglants satellites

Des plaines de Céfène occupaient les limites !

La nuit nous égarait vers ce funeste bord

Où régnent les tyrans, où préside la mort.

Notre fatale erreur n'était point reconnue,
Quand la foudre a frappé notre fuite éperdue.
La terre en mugissant s'entrouvre sous nos pas.
Ce séjour en effet est celui du trépas.

FULVIE.

Eh bien, est-il encor en cette île terrible ?
S'il ose se montrer, sa perte est infaillible,
Il est mort.

JULIE.

Je le sais.

FULVIE.

Où dois-je le chercher ?
Dans quel secret asyle a-t-il pu se cacher ?

JULIE.

Ah ! Madame ....

FULVIE.

Achevez ; c'est trop de défiance,
Je pardonne à l'amour un doute qui m'offense.
Parlez, je ferai tout.

JULIE.

Puis-je le croire ainſi ?

FULVIE.

Je vous le jure encor.

JULIE.

Eh bien.... Il eſt ici.

FULVIE.

C'en eſt aſſez ; allons.

JULIE.

Il cherchait un paſſage
Pour ſortir avec moi de cette île ſauvage ,
Et ne le voyant plus dans ces rochers déſerts
Des ombres du trépas mes yeux ſe ſont couverts.
Je mourais , quand le ciel une fois favorable
M'a préſenté par vous une main ſécourable.

S C E N E V.

FULVIE, JULIE, ALBINE, UN TRIBUN.

L e T r i b u n.

Madame, une étrangere eſt ici près de vous.
De leur autorité les triumvirs jaloux
De l'île à tout mortel ont défendu l'entrée.

J u l i e.

Ah ! j'atteſte la foi que vous m'avez jurée !

L e t r i b u n.

Je la dois amener devant leur tribunal.

F u l v i e (*à Julie*).

Gardez-vous d'obéir à cet ordre fatal.

J u l i e.

Avilirais-je ainſi l'honneur de mes ancêtres ?
Soldat des triumvirs, allez dire à vos maîtres,
Que Julie entraînée en ce ſéjour affreux
Attend pour en ſortir des ſecours généreux ;
Que par-tout je ſuis libre, & qu'ils peuvent connaître

C iv

Ce qu'on doit de respect au sang qui m'a fait naître,
A mon rang, à mon sexe, à l'hospitalité,
Aux droits des Nations & de l'humanité.
Conduisez-moi chez vous, magnanime Fulvie.

FULVIE.

Votre noble fierté ne s'est point démentie ;
Elle augmente la mienne ; & ce n'est pas envain
Que le sort vous conduit sur ce bord inhumain.
Puissai-je en mes desseins ne m'être point trompée !

JULIE.

O dieux ! prenez ma vie, & veillez sur Pompée !
Dieux ! si vous me livrez à mes persécuteurs,
Armez moi d'un courage égal à leurs fureurs !

ACTE TROISIEME.

SCENE PREMIERE.

Sextus Pompée, *seul.*

Je ne la trouve plus : quoi ! mon deſtin fatal
L'amene à mes tyrans, la livre à mon rival !
Les voilà, je les vois ces pavillons horribles
Où nos trois meurtriers retirés & paiſibles
Ordonnent le carnage avec des yeux ſereins,
Comme on donne une fête & des jeux aux romains.
O Pompée ! ô mon pere ! infortuné grand homme !
Quel eſt donc le deſtin des défenſeurs de Rome !
O dieux, qui des méchants ſuivez les étendarts
D'où vient que l'univers eſt fait pour les Céſars !
J'ai vu périr Caton (17) leur juge & votre image.
Les Scipions ſont morts aux déſerts de Carthage (18) ;
Cicéron, tu n'es plus (19), & ta tête & tes mains
Ont ſervi de trophée aux derniers des humains.
Mon ſort va me rejoindre à ces grandes victimes.
Le fer des Achillas & celui des Septimes,
D'un vil roi de l'Egypte inſtruments criminels

Ont fait couler le fang du plus grand des mortels (20).
Ce n'eft que par fa mort que fon fils lui reffemble.
Des brigands réunis que la rapine affemble ,
Un prétendu Céfar , un fils de Cépias (21) ,
Qui commande le meurtre & qui fuit les combats ,
Dans leur tranquille rage ordonnent de ma vie :
Octave eft maître enfin du monde & de Julie.
De Julie ! ah ! tyran , ce dernier coup du fort
Atterre mon efprit lutant contre la mort.
Déteftable rival , ufurpateur infâme
Tu ne m'affaffinais que pour ravir ma femme.
Et c'eft moi qui la livre à tes indignes feux !
Tu régnes , & je meurs , & je te laiffe heureux !
Et tes flatteurs , tremblants fur un tas de victimes ,
Déja du nom d'Augufte ont décoré tes crimes !
Quel eft cet affaffin qui s'avance vers moi ?

S C E N E I I.

P O M P É E, A U F I D E.

P O M P É E, (*l'épée à la main*).

Approche, & puisse Octave expirer avec toi !

A U F I D E.

Jugez mieux d'un soldat qui servit votre pere.

P O M P É E.

Et tu sers un tyran.

A U F I D E.

Je l'abjure , & j'espere
N'être pas inutile en ce séjour affreux
Au fils, au digne fils d'un héros malheureux.
Seigneur , je viens à vous de la part de Fulvie.

P O M P É E.

Est-ce un piége nouveau que tend la tyrannie ?
A son barbare époux viens-tu pour me livrer ?

A U F I D E.

Du péril le plus grand je viens pour vous tirer.

POMPÉE.

L'humanité, grands dieux ! eſt elle ici connue !

AUFIDE.

Sur ce billet, au moins, daignez jetter la vue,

(Il lui donne des tablettes).

POMPÉE.

Julie ! ô ciel Julie ! eſt-il bien vrai ?

AUFIDE.

Liſez.

POMPÉE.

O fortune ! ô mes yeux êtes-vous abuſés !
Retour inattendu de mes deſtins proſpéres !
Je mouille de mes pleurs ces divins caracteres.

(Il lit).

» Le ſort paraît changer, & Fulvie eſt pour nous,
» Ecoutez ce Romain, conſervez mon époux.
Qui que tu ſois, pardonne : à toi je me confie ;
Je te crois généreux ſur la foi de Julie.
Quoi ! Fulvie a pris ſoin de ſon ſort & du mien !
Qui l'y peut engager ? Quel intérêt ?

AUFIDE.

Le fien.

D'Antoine abandonnée avec ignominie
Elle eft des trois tyrans la plus grande ennemie.
Elle ne borne pas fa haine & fes deffeins
A dérober vos jours au fer des affaffins ;
Il n'eft point de péril que fon couroux ne brave ,
Elle veut vous venger.

POMPÉE.

Oui , vengeons nous d'Octave.

Elevé dans l'Afie au milieu des combats
Je n'ai connu de lui que fes affaffinats ;
Et dans les champs d'honneur, qu'il redoute, peut-être
Ses yeux qu'il eut baiffés, ne m'ont point vu paraître.
Antoine d'un foldat a du moins la vertu.
Il eft vrai que mon bras ne l'a point combattu ;
Et depuis que mon pere eut tombé fous un traître
Nous fumes ennemis fans jamais nous connaître.
Commençons par Octave ; allons, & que ma main
Au bord de mon tombeau fe plonge dans fon fein.

AUFIDE.

Venez donc chez Fulvie , & fachez qu'elle eft prête

D'Octave, s'il le faut, à vous livrer la tête.
De quelques vétérans j'ai su tenter la foi ;
Sous votre illustre pere ils servaient comme moi.
On change de parti dans les guerres civiles.
Aux desseins de Fulvie ils peuvent être utiles.
L'intérêt qui fait tout les pourrait engager
A vous donner retraite, & même à vous venger.

POMPÉE.

Je pourrais arracher Julie à ce perfide !
Je pourrais des romains immoler l'homicide !
Octave périrait !

AUFIDE.

Seigneur n'en doutez pas,

POMPÉE.

Marchons.

SCENE III.

POMPÉE, AUFIDE, JULIE.

JULIE.

QUE faites-vous ! Où portez-vous vos pas ?
On vous cherche , on pourſuit tous ceux que cet orage
Put jetter comme moi ſur cet affreux rivage.
Votre pere , en Egypte aux aſſaſſins livré ,
D'ennemis plus ſanglants n'était pas entouré.
L'amitié de Fulvie eſt funeſte & cruelle ;
C'eſt un danger de plus qu'elle traîne après elle.
On l'obſerve , on l'épie , & tout me fait trembler ;
Dans ces horribles lieux je crains de vous parler.
Regagnons ces rochers & ces cavernes ſombres
Où la nuit va porter ſes favorables ombres.
Demain les trois tyrans aux premiers traits du jour ,
Partent avec la mort de ce fatal ſéjour.
Ils vont loin de vos yeux enſanglanter le Tibre.
Ne précipitez rien ; demain vous êtes libre.

POMPÉE.

Noble & tendre moitié d'un guerrier malheureux ,

O vous ! ainſi que Rome objet de tous mes vœux !
Laiſſez-moi m'oppoſer au deſtin qui m'outrage.
Si j'étais dans des lieux dignes de mon courage,
Si je pouvais guider nos braves légions,
Dans les camps de Brutus ou dans ceux des Catons,
Vous ne me verriez pas attendre de Fulvie
Un ſecours incertain contre la tyrannie.
Les dieux nous ont conduits dans ces ſanglants déſerts ;
Marchons aux ſeuls ſentiers que ces dieux m'ont ouvert

JULIE.

Octave en ce moment doit entrer chez Fulvie ;
Si vous êtes connu c'eſt fait de votre vie.

AUFIDE.

Seigneur, craignez plutôt d'être ici découvert ;
Aux tribuns, aux ſoldats ce paſſage eſt ouvert,
Entre ces deux dangers que prétendez-vous faire ?

JULIE.

Pompée , au nom des dieux ! au nom de votre pere !
Dont le malheur vous ſuit , & qui ne s'eſt perdu
Que par ſa confiance & ſon trop de vertu,
Ayez quelque pitié d'une épouſe allarmée !

Avons:

Avons-nous un parti, des amis, une armée?
Trois monftres tout puiffants ont détruit les romains;
Vous êtes feul ici contre mille affaffins. . . .
Ils viennent, c'en eft fait, & je les vois paraître.

A U F I D E.

Ah! laiffez-vous conduire; on peut vous reconnaître.
Le tems preffe, venez, vous vous perdez fans fruit.

J U L I E.

Je ne vous quitte pas.

P O M P É E.

A quoi fuis-je réduit!

S C E N E I V.

POMPÉE, JULIE, AUFIDE, *fur le devant*,
OCTAVE, LICTEURS, *au fond.*

O C T A V E.

Je prétends vous parler; ne fuyez point, Julie.

J U L I E.

Aufide me ramene aux tentes de Fulvie.

D

OCTAVE, (*à Aufide*).

Demeurez. Je le veux.... Vous, quel est ce romain?
Est-il de votre suite?

JULIE.

Ah ! je succombe enfin !

AUFIDE.

C'est un de mes soldats dont l'utile courage
S'est distingué dans Rome en ces jours de carnage :
Et de Rome à mon ordre il arrive aujourd'hui.

OCTAVE, (*à Pompée*).

Parle, que fait Pompée ? Où Pompée a-t-il fui ?

POMPÉE.

Il ne fuit point, Octave ; il vous cherche, & peut-être
Avant la fin du jour vous le verrez paraître.

OCTAVE.

Tu sais en quel état il faut le présenter.
C'est sa tête, en un mot, qu'il me faut apporter.
Et tu dois être instruit quelle est la récompense.

POMPÉE.

Elle est publique assez.

JULIE.

O terreur !

POMPÉE.

O vengeance !

SCENE V.

Les Personnages précédents, UN TRIBUN *Militaire.*

LE TRIBUN.

Vous êtes obéi ; grace à votre heureux sort
Pompée en ce moment est ou captif ou mort.

OCTAVE.

Que dis-tu ?

LE TRIBUN.

Ses suivants s'avançaient dans la plaine
Qui s'étend de Pisaure aux remparts de Céfène ;
Les rébelles, bientôt entourés & surpris,
De leurs témérités ont eu le digne prix.

POMPÉE.

Ah ! ciel !

LE TRIBUN.

A la valeur que tous ont fait paraître,
On croit qu'ils combattaient sous les yeux de leur maître.

POMPÉE, (*à part*).

Je perds tous mes amis !

LE TRIBUN.

S'il est parmi les morts
Vos soldats à vos pieds vont apporter son corps.
S'il est vivant, s'il fuit, il va tomber sans doute
Aux piéges que nos mains ont tendus sur sa route.
Il ne peut échapper au trépas qui l'attend.

OCTAVE.

Allez, continuez ce service important.
Vous, Aufide, en tout tems j'éprouvai votre zèle.
Je sais qu'Antoine en vous trouve un guerrier fidèle.
Allez : si ce soldat peut servir aujourd'hui,
Souvenez-vous sur-tout de répondre de lui.

Vous, licteurs, arrêtez le premier téméraire
Qui viendrait sans mon ordre en ce lieu solitaire.

P O M P É E, (à *Aufide*).

Viens guider mes fureurs.

J U L I E.

O dieux qui m'écoutez,
Dans quel péril nouveau vous nous précipitez !

S C E N E VI.

O C T A V E, J U L I E.

O C T A V E, (*arrétant Julie*).

JE vous ai déja dit que vous deviez m'entendre.
Votre abord en cette île a droit de me surprendre ;
Mais cessez de me craindre & calmez votre cœur.

J U L I E.

Seigneur, je ne crains rien ; mais je fremis d'horreur.

O C T A V E.

Vous changerez peut-être en connoissant Octave.

D iij

JULIE.

J'ai le fort des romains, il me traite en efclave.
Vous pouviez refpecter mon nom & mon malheur.

OCTAVE.

Sachez que de tous deux je fuis le protecteur.
Les refpects des humains & Rome vous attendent.
Ce nom que vous portez & leurs vœux vous demandent;
Je dois vous y conduire, & le fang des Céfars
Ne doit plus qu'en triomphe entrer dans fes remparts.
Pourquoi les quittez-vous ? ne pourrai-je connaître
Qui vous dérobe à Rome où le ciel vous fit naître ?

JULIE.

Demandez-moi plutôt, dans ces horribles tems,
Pourquoi dans Rome encor il eft des habitans.
La ruïne, la mort de tous côtés s'annonce;
Mon pere était profcrit ; & voilà ma réponfe.

OCTAVE.

Mes foins veillent fur lui ; fes jours font affurés ;
Je les ai défendus, vous les rendez facrés.

JULIE.

Ainfi je dois bénir vos loix & votre empire

Lorſque vous permettez que mon pere reſpire.

OCTAVE.

Il s'arma contre moi ; mais tout eſt oublié.
Ne lui reſſemblez point par ſon inimitié.
Mais enfin , près de moi qui vous a pu conduire?

JULIE.

La colere des dieux obſtinés à me nuire.

OCTAVE.

Ces dieux ſe calmeront. Ma ſévère équité
A vengé le héros qui m'avait adopté.
Il n'appartient qu'à moi d'honorer dans Julie
Le ſang , l'auguſte ſang dont vous êtes ſortie.
Je dois compte de vous à Rome , aux demi-dieux
Que le monde à genoux révère en vos ayeux.

JULIE.

Vous !

OCTAVE.

Un fils de Céſar ne doit jamais permettre
Qu'en d'étrangères mains on oſe vous remettre.

JULIE.

Vous son fils !... ô héros ! ô généreux vainqueur !
Quel fils as-tu choisi , quel est ton successeur !
César vous a laissé son pouvoir en partage ;
Sa magnanimité n'est pas votre héritage.
S'il versa quelquefois le sang du citoyen
Ce fut dans les combats en répandant le sien.
C'est par d'autres exploits que vous briguez l'empire.
Il savait pardonner & vous savez proscrire.
Prodigue de bienfaits , & vous d'assassinats ,
Vous n'êtes point son fils : je ne vous connais pas.

OCTAVE.

Il vous parle par moi : Julie , il vous pardonne
Les noms injurieux que votre erreur me donne.
Ne me reprochez plus ces arrêts rigoureux
Qu'arrache à ma justice un devoir malheureux.
La paix va succéder aux jours de la vengeance.

JULIE.

Quoi ! vous me donneriez un rayon d'espérance !

OCTAVE.

Vous pouvez tout.

J u l i e.

Qui ! moi ?

O c t a v e.

Vous devez préſumer
Quel eſt le ſeul moyen qui peut me déſarmer ;
Et qui de ma clémence eſt la cauſe & le gage.

J u l i e.

Vous parlez de clémence au milieu du carnage !
Hélas ! ſi tant de ſang, de ſuplices, de morts
Ont pu laiſſer dans vous quelque accès au x remords,
Si vous craignez du moins cette haine publique,
Cette horreur attachée au pouvoir tyrannique :
Ou ſi quelques vertus germent dans votre cœur,
En les mettant à prix n'en ſouillez point l'honneur ;
N'en aviliſſez pas le caractère auguſte.
Eſt-ce à vos paſſions à vous rendre plus juſte ?
Soyez grand par vous-même.

O c t a v e.

Allez, je vous entends,
Et j'avais bien prévu vos refus inſultans.

Un rival criminel, une race ennemie....

J U L I E.

Qui?

O C T A V E.

Vous le demandez ! vous favez trop , Julie ,
Quel eft depuis long-tems l'objet de mon couroux ,
Et Pompée.....

J U L I E.

Ah ! cruel , quel nom prononcez vous !
Pompée eft loin de moi : qui vous dit que je l'aime ?

O C T A V E.

Qui me le dit ? vos pleurs ; qui me le dit ? vous-même.
Pompée eft loin de vous , & vous le regrettez !
Vous penfez m'adoucir lorfque vous m'infultez !
Lorfque de Rome enfin votre imprudente fuite
Du fein de vos parents vous entraîne à fa fuite.

J U L I E.

Ainfi vous ajoutez l'opprobre à vos fureurs.
Ah ! ce n'eft pas à vous à m'enfeigner les mœurs.
Je ne fuis point réduite à tant d'ignominie ;

Et ce n'eſt pas pour vous que je me juſtifie.

J'ai quitté mon pays que vous enſanglantez ,

Mes parents & mes dieux que vous perſécutez.

J'ai dû ſortir de Rome où vous alliez paraître ,

Mon pere l'ordonnait ; vous le ſavez peut-être ,

C'eſt vous que je fuyais ; mes funeſtes deſtins

Quand je vous évitais m'ont remiſe en vos mains.

Commandez , s'il le faut , à la terre aſſervie ;

Mon cœur ne dépend point de votre tyrannie.

Vous pouvez tout ſur Rome , & rien ſur mon devoir.

O C T A V E.

Vous ignorez mes droits ainſi que mon pouvoir.

Vous vous trompez , Julie , & vous pourrez apprendre

Que Lucius ſans moi ne peut choiſir un gendre ;

Que c'eſt à moi ſur-tout que l'on doit obéir.

Déjà Rome m'attend ; ſoyez prête à partir.

J U L I E.

Voilà donc ce grand cœur , ce héros magnanime

Qui du monde calmé veut mériter l'eſtime !

Voilà ce règne heureux de paix & de douceur !

Il fut un meurtrier , il devient raviſſeur !

OCTAVE.

Il est juste envers vous : mais, quoi qu'il en puisse être,
Sachez que le mépris n'est pas fait pour un maître.
Que vous aimiez Pompée , ou qu'un autre rival
Encouragé par vous cherche l'honneur fatal
D'oser un seul moment disputer ma conquête ,
On sait si je me venge ; il y va de sa tête ,
C'est un nouveau proscrit que je dois condamner ;
Et je jure par vous de ne point pardonner.

JULIE.

Moi , j'atteste ici Rome & son divin génie ,
Tous ces héros armés contre la tyrannie ,
Le pur sang des Césars , & dont vous n'êtes pas ,
Qu'à vos proscriptions vous joindrez mon trépas
Avant que vous forciez cette ame indépendante
A joindre une main pure à votre main sanglante.
Les meurtres que dans Rome ont commis vos fureurs
De celui que j'attends sont les avant coureurs.
Un nouvel Appius a trouvé Virginie ;
Son sang eut des vengeurs ; il fut une patrie ;
Rome subsiste encor. Les femmes en tout tems

Ont servi dans nos murs à punir les tyrans.

Les rois, vous le savez, furent chassés pour elles.

Nouveau Tarquin, tremblez !

(Elle sort).

SCENE VII.

Octave *seul*.

Que d'injures nouvelles !

Quel reproche accablant pour mon cœur oppressé !

Ce cœur m'en a dit plus qu'elle n'a prononcé.

Le cruel est haï ; j'en fais l'expérience.

Je suis puni déja de ma toute puissance.

A peine je gouverne, à peine j'ai goûté

Ce pouvoir qu'on m'envie & qui m'a tant coûté.

Tu veux régner, Octave , & tu chéris la gloire ;

Tu voudrais que ton nom vécut dans la mémoire,

Il portera ta honte à la postérité.

Être à jamais haï ! quelle immortalité !

Mais l'être de Julie , & l'être avec justice !

Entendre cet arrêt qui fait seul ton supplice !

Le peux-tu supporter ce tourment douloureux

D'un esprit emporté par de contraires vœux !

Qui fait le mal qu'il hait , & fuit le bien qu'il aime ,
Qui cherche à se tromper & qui se hait lui-même !
Faut-il donc que l'amour ajoute à mes fureurs !
Ah ! l'amour était fait pour adoucir nos mœurs.
D'indignes voluptés corrompaient mon jeune âge.
L'ambition succéde avéc toute sa rage.
Par quel nouveau torrent je me laisse emporter ?
Que d'ennemis à vaincre , & comment les dompter ?
Mânes du grand César ! ô mon maître ! ô mon pere !
Que Brutus immola , mais que Brutus révère ;
Héros terrible & doux à tous tes ennemis ;
Tu m'as laissé l'Empire à ta valeur soumis ,
La moitié de ce faix accable ma jeunesse ;
Je n'ai que tes défauts , je n'ai que ta faiblesse.
Et je sens dans mon cœur de remords combattu
Que je n'ose avec toi disputer de vertu.

ACTE QUATRIEME.

SCENE PREMIERE.
FULVIE, ALBINE.

ALBINE.

QUAND sous vos pavillons de sa crainte occupée,
Invoquant en secret l'ombre du grand Pompée,
Les sanglots à la bouche & la mort dans les yeux
Julie appelle envain les enfers & les Dieux,
Vous la laissez, Fulvie, à sa douleur mortelle.

FULVIE.

Qu'elle se plaigne aux dieux ; je vais agir pour elle.
J'attends ici Pompée.

ALBINE.

Eh ! ne pouviez-vous pas
De cette île avec eux précipiter vos pas ?

FULVIE.

Non ; de nos ennemis la fureur attentive
Couvre de meurtriers & l'une & l'autre rive ;

Rien ne peut nous tirer de ce goufre d'horreur.
J'y reste encor un jour ; & c'est pour leur malheur.

A L B I N E.

Qu'esperez-vous d'un jour ?

F U L V I E.

La mort ; mais la vengeance.

A L B I N E.

Eh peut-on se venger de la toute puissance ?

F U L V I E.

Ouï, quand on ne craint rien.

A L B I N E.

Dans nos vaines douleurs
D'un sexe infortuné les armes font les pleurs.
Le puissant foule aux pieds le faible qui menace,
Et rit en l'écrafant de sa débile audace.

F U L V I E.

Déformais à Fulvie ils n'infulteront plus.
Ils ne se joueront pas de mes pleurs superflus.
Je fais que ces brigands affamés de rapine

En

En comblant mon opprobre ont juré ma ruine.
Prodigues raviffeurs & bas intéreffés .
Ils m'enlevent les biens que mon pere a laiffés.
On les donne pour dot à ma fiere rivale.
Mais, Albine, crois-moi, la pompe nuptiale
Peut fe changer encor en un trop jufte deuil ;
Et tout ufurpateur eft près de fon cercueil.
J'ai pris le feul parti qui refte à ma fortune.
De Pompée & de moi la querelle eft commune.
Je l'attends ; il fuffit.

A L B I N E.

Il eft feul , fans fecours.

F U L V I E.

Il en aura dans moi.

A L B I N E.

Vous hazardez fes jours.

F U L V I E.

Je prodigue les miens. Va, retourne à Julie ,
Soutiens fon défefpoir & fa force affaiblie ;
Porte lui tes confeils, fon âge en a befoin ;

E

Et de mon fort affreux laisse-moi tout le soin.

ALBINE.

L'état où je vous vois m'épouvante & m'afflige.

FULVIE.

Porte ailleurs ton effroi ; va, laisse-moi te dis-je.
Pompée arrive enfin ; je le vois. Dieux vengeurs,
Ainsi que nos affronts unissez nos fureurs !

SCENE II.

POMPÉE, FULVIE.

FULVIE.

ETES-VOUS affermi ?

POMPÉE.

J'ai consulté ma gloire ;
J'ai craint qu'elle ne vît une action trop noire
Dans le meurtre inouï qui nous tient occupés.

FULVIE.

Elle parle avec Rome, elle vous dit : frappez.

Seriez-vous en suspens !

POMPÉE.

Non : mes mains seront prêtes.
Je voudrais de cette hydre abattre les trois têtes :
Je ne peux immoler qu'un de mes ennemis ;
Octave est le plus grand ; c'est lui que je choisis.

FULVIE.

Vous courez à la mort.

POMPÉE.

Elle annoblit ma cause.
Du sang de ce tyran c'est peu que je dispose ;
C'est peu de me venger ; je n'aurais qu'à rougir
De frapper sans péril , & sans savoir mourir.

FULVIE.

Vous faites encor plus , vous vengez la patrie
Et le sang innocent qui s'éleve & qui crie ;
Vous servez l'univers.

POMPÉE.

J'y suis déterminé.

E ij

L'assassin des romains doit être assassiné.

Ainsi mourut César : il fut clément & brave,

Et nous pardonnerions à ce lâche d'Octave !

Ce que Brutus a pu ; je ne le pourrais pas !

Et j'irais pour ma cause emprunter d'autres bras !

Le sort en est jetté. Faites venir Aufide.

FULVIE.

Il veille près de nous dans ce camp homicide,

Qu'on l'appelle... Déja (*) les feux sont presque éteints

Et le silence régne en ces lieux inhumains.

SCENE III.

POMPÉE, FULVIE, AUFIDE.

FULVIE (à Aufide).

APPROCHEZ , que fait-on dans ces tentes coupables ?

AUFIDE.

Le sommeil y répand ses pavots favorables ,

Lorsque les murs de Rome au carnage livrés

Retentissent au loin des cris désespérés

(*) On voit dans l'éloignement des restes de feux faiblement allumés autour des tentes , & le théâtre représente une nuit.

Que jettent vers les cieux les filles & les meres
Sur les corps étendus des enfans & des peres.
Le sang ruiffelle à Rome ; Octave dort en paix.

P O M P É E.

Vengeance, éveille-toi ! Mort, punis fes forfaits !
Dites-moi dans quels lieux fes tentes font dreffées ?

F U L V I E.

Vous avez remarqué ces roches entaffées
Qui laiffent un paffage à ces vallons fecrets
Arrofés d'un ruiffeau que bordent des cyprès.
Le pavillon d'Antoine eft auprès du rivage ;
Paffez, & dédaignez de venger mon outrage.
Vous trouverez plus loin l'enceinte & les pâlis
Où du clément Céfar eft le barbare fils.
Avancez, vengez-vous.

A U F I D E.

Une troupe fanglante
Dans la nuit, à toute heure, environne fa tente.
Des plaifirs de leurs chefs affreux imitateurs,

Ils dorment auprès d'eux dans le sein des horreurs.

POMPÉE.

Vous avez préparé votre fidele esclave ?

FULVIE.

Il vous attend ; marchez jusques au lit d'Octave.

POMPÉE (*à Fulvie*).

Je laisse entre vos mains dans ce cruel séjour
L'objet, le seul objet pour qui j'aimais le jour ;
Le seul qui pût unir deux familles fatales,
Deux races de héros en infortune égales,
Le sang des vrais Césars. Ayez soin de son sort ,
Enseignez à son cœur à supporter ma mort.
Qu'elle envisage moins ma perte que ma gloire,
Que mort pour la venger , je vive en sa mémoire.
C'est tout ce que je veux. Mais en portant mes coups
Je vous laisse exposée , & je frémis pour vous ;
Antoine est en ces lieux maître de votre vie ,
Il peut venger sur vous le frere d'Octavie.

FULVIE.

Qui ? lui ! qui ? ce mortel fans pudeur & fans foi ?
Cet oppreffeur de Rome & du monde & de moi ?
Lui qui m'ofe exiler ? Quoi ! dans mon entreprife
Vous penfez qu'un tyran , qu'une mort me fuffife ?
Aviez-vous foupçonné que je ne faurais pas
Porter , ainfi que vous , & fouffrir le trépas ?
Que je dévorerais mes douleurs impuiffantes ?
Voyez de ces tyrans les demeures fanglantes :
C'eft l'école du meurtre & j'ai dû m'y former.
De leur efprit de rage ils ont fu m'animer.
Leur loi devient la mienne ; il faut que je la fuive.
Il faut qu'Antoine meure ; & non pas que je vive.
Il périra vous dis-je.

POMPÉE.

Et par qui ?

FULVIE.

Par ma main.

E iv

POMPÉE.

Ofez-vous bien remplir un fi hardi deffein ?

FULVIE.

Ofez-vous en douter ? le deftin nous raffemble
Pour délivrer la terre & pour mourir enfemble.
Que le Triumvirat par nous deux aboli
Dans la tombe avec nous demeure enféveli.
J'ai trop vécu comme eux : le terme de ma vie
Eft conforme aux horreurs dont les dieux l'ont remplie,
Et Pompée aux enfers defcendu fans effroi
Y va traîner Octave avec Antoine & moi.

AUFIDE.

Non, efperez encor ; les foldats de ces traîtres
Ont changé quelquefois de drapeaux & de maîtres.
Ils ont trahi Lépide, (23) ils pourront aujourd'hui
Vendre au fils de Pompée un mercenaire appui.
Pour gagner les romains, pour forcer leur hommage
Il ne faut qu'un grand nom, de l'or, & du courage.
On a vu Marius entraîner fur fes pas (24),

Les mêmes affaffins payés pour fon trépas.

Nous féduirons les uns, nous combattrons le refte.

Ce coup défefpéré peut vous être funefte,

Mais il peut réuffir. Brutus & Caffius

N'avaient pas après tout des projets mieux conçus (25).

Téméraires vengeurs de la caufe commune

Ils ont frappé Céfar & tenté la fortune.

Ils devaient mille fois périr dans le fénat :

Ils vivent cependant, ils partagent l'état ;

Et dans Rome avec vous je les verrai peut-être.

Mes guerriers fur vos pas à l'inftant vont paraître.

Nous vous fuivrons de près ; il en eft tems, marchons.

P O M P É E.

Je t'invoque, Brutus ! je t'imite ; frappons !

(Il fort avec Aufide).

S C E N E I V.

F U L V I E , J U L I E , A L B I N E.

J U L I E.

Il m'échappe, il me fuit, ô ciel ! m'a-t-il trompée !

'Autel ! fatal autel ! mânes du grand Pompée !
Votre fils devant vous m'a-t-il fait prosterner
Pour trahir mes douleurs & pour m'abandonner !

FULVIE.

S'il arrive un malheur , armez-vous de courage :
Il faut s'attendre à tout.

JULIE.

Quel horrible langage !
S'il arrive un malheur ! Est-il donc arrivé ?

FULVIE.

Non , mais ayez un cœur plus grand , plus élevé.

JULIE.

Il l'est ; mais il gémit : vous haïssez , & j'aime.
Je crains tout pour Pompée, & non pas pour moi-même.
Que fait-il ?

FULVIE.

Il vous sert.... Les flambeaux dans ces lieux

De leur faible clarté ne frappent plus mes yeux (*).
Sommeil ! fommeil de mort ! favorife ma rage !

JULIE.

Où courez-vous ?

FULVIE.

Reftez ; j'ai pitié de votre âge,
De vos triftes amours, & de tant de douleurs.
Gémiffez, s'il le faut ; laiffez-moi mes fureurs.

SCENE V.

JULIE, ALBINE.

JULIE.

Que veut-elle me dire, & qu'eft-ce qu'on prépare ?
Séjour des meurtriers, île affreufe & barbare,
Je l'avais bien prévu, tu feras mon tombeau.
Albine, inftruifez-moi de mon malheur nouveau :
Pompée eft-il connu ? voit-il fa derniere heure ?

(*) Les flambeaux qui éclairent les tentes s'éteignent.

N'eſt-il plus d'eſpérance ? eſt-il tems que je meure ?
Je ſuis prête , parlez.

ALBINE.

Dans cette horrible nuit
J'ignore ainſi que vous s'il ſuccombe ou s'il fuit ,
Si Fulvie au trépas aura pu le ſouſtraire !
Elle ſuit les conſeils d'une aveugle colere
Qu'en ſes tranſports ſoudains rien ne peut captiver.
Elle expoſe Pompée au lieu de le ſauver.

JULIE.

Je m'y ſuis attendue ; & quand ma deſtinée ,
Dans cet orage affreux m'a près d'elle amenée ,
Je ne me flattais pas d'y rencontrer un port.
Je ſais que c'eſt ici le ſéjour de la mort ;
Je ſuis perdue , Albine , & ne ſuis point trompée :
La fille d'un Céſar , la veuve d'un Pompée
Sera digne du moins , dans ces extrêmités ,
Du ſang qu'elle a reçu , des noms qu'elle a portés.
On ne me verra point deshonorer ſa cendre
Par d'inutiles cris qu'on dédaigne d'entendre ,
Rougir de lui ſurvivre , & tromper mes douleurs

Par l'efpoir incertain de trouver des vengeurs.
Pour affronter la mort , il échappe à ma vue ,
Il a craint ma faibleffe ; il m'a trop mal connue ;
S'il prétend que je vive , il m'outrage en effet.
Allons.

S C E N E   VI.

J U L I E ,   A L B I N E ,   P O M P É E.

J U L I E.

O dieux ! Pompée !

P O M P É E.

Il eft mort , c'en eft fait.

J U L I E.

Qui !

P O M P É E.

L'univers eft libre.

J U L I E.

O Rome , ô ma patrie !
Octave eft mort par vous !

POMPÉE.

Ouï je vous ai servie.
De la terre & de vous j'ai puni l'oppreffeur.

JULIE.

O fuccès inouï ! trop heureufe fureur !

POMPÉE.

Ses gardes affoupis dans leur infâme ivreffe,
Laiffaient un accès libre à ma main vengereffe.
Un de fes favoris, un de fes affaffins,
Un miniftre odieux de fes affreux deffeins,
Seul auprès du tyran repofait dans fa tente ;
J'entre ; un Dieu me conduit ; une idée effrayante
De la mort que j'apporte, un fonge avant coureur
Dans fon profond fommeil excitant fa terreur,
De fes profcriptions lui préfentait l'image.
Quelques fons mal formés de fang & de carnage
S'échappaient de fa bouche, & fon perfide cœur
Jufques dans le repos déployait fa fureur.
De funébres accents ont prononcé *Pompée*,
Dans fon cœur à ce nom j'ai plongé cette épée :
Mon rival a paffé du fommeil au trépas,

Trépas encor trop doux pour tant d'affaffinats.
Il aurait dû périr par un fupplice infigne.
Je fais que de Pompée il eut été plus digne
D'attaquer un Céfar au milieu des combats ;
Mais un Céfar tyran ne le méritait pas.
Le filence & la mort ont fervi ma retraite.

J U L I E.

Je goûte en frémiffant une joie inquiette.
L'effroi qui me faifit corrompant mon efpoir,
Empoifonne en fecret le bonheur de vous voir.
Pourrez-vous fuir du moins de cette île exécrable.

P O M P É E.

Moi fuir !

J U L I E.

Il refte encor un tyran redoutable.

P O M P É E.

Si le ciel nous feconde , il n'en reftera plus.

J U L I E.

Et comment raffurer mes efprits éperdus ?

Antoine va venger la mort de son complice.

POMPÉE.

D'Antoine en ce moment les dieux vous font justice,
Et je mourrai du moins heureux dans mes malheurs
Sur les corps tout sanglants de nos deux oppresseurs.
Venez, il n'est plus tems d'écouter vos allarmes.

JULIE.

Ciel ! pourquoi ces flambeaux, ces cris, ce bruit des armes?

POMPÉE.

Je ne vois plus l'esclave à qui j'étois remis,
Et qui me conduisant parmi mes ennemis,
Jusques au lit d'Octave a guidé ma furie.

SCENE

SCENE VII.

POMPÉE, JULIE, ALBINE, AUFIDE.

AUFIDE.

TOUT ferait-il perdu ? L'esclave de Fulvie
Saisi par les soldats est déjà dans les fers.
De César dans le camp le nom remplit les airs.
On marche, on est armé. Le reste je l'ignore.
J'ai des soldats. Allons.

JULIE (*à Aufide*).

Ah ! c'est toi que j'implore ;
C'est toi qui de Pompée es devenu l'appui.

AUFIDE.

Je vous réponds du moins de mourir près de lui.

POMPÉE.

Mettez votre courage à supporter ma perte.
La tente de Fulvie à vos pas est ouverte ;
Rentrez, attendez-y les derniers coups du sort ;
Confondez vos tyrans encor après ma mort.

F

Conſervez pour eux tous une haine éternelle ;
C'eſt ainſi qu'à Pompée il faut être fidelle.
Pour moi , digne de vivre & mourir votre époux
Je leur vendrai bien cher des jours qui ſont à vous,
Le lâche fuit envain ; la mort vole à ſa ſuite ;
C'eſt en la défiant que le brave l'évite,

ACTE CINQUIEME.

SCENE PREMIERE.

JULIE, FULVIE, *Gardes dans le fond.*

JULIE.

Vous me l'aviez bien dit qu'il me fallait tout craindre.
Voilà donc nos succès !

FULVIE.

        Vous êtes seule à plaindre ;
Vous aviez devant vous un avenir heureux ;
Vous perdez de beaux jours, & moi des jours affreux.
Vivez, si vous l'osez : je déteste la vie ;
Ma main n'a pu suffire à mon ame hardie.
Les monstres que le ciel veut encor proteger
Sont plus heureux que nous dans l'art de se venger.
Pompée en s'approchant de ce perfide Octave (26),
En croyant le punir n'a frappé qu'un esclave,
Qu'un des vils instruments de ses sanglants complots,
Indigne de mourir sous la main d'un héros.
D'un plus grand ennemi j'allais purger le monde ;

Je marchais, j'avançais dans cette nuit profonde,
Mon bras était levé, lorsque de toutes parts
Les flambeaux rallumés ont frappé mes regards.
Octave tout sanglant a paru dans la tente.
De leurs lâches licteurs une troupe insolente
Me conduit en ces lieux captive auprès de vous.
Fléchissez vos tyrans ; je brave ici leurs coups.
Qu'on me laisse le jour, ou bien qu'on me punisse,
Ma vengeance est perdue & voilà mon supplice.
Ciel ! si tu veux encor prolonger mes destins,
Que ce soit seulement pour mieux armer mes mains ;
Pour mieux servir ma haine & ma fureur trompée.

J U L I E.

Hélas ! avez-vous su ce que devient Pompée ?
Est-il vivant ou mort en ces déserts sanglants ?
Auside aura-t-il pu dérober aux tyrans
Ce héros tant proscrit que la terre abandonne ?

F U L V I E.

Je n'ose m'en flatter : mais aucun ne soupçonne
Que Pompée en effet soit errant sur ces bords.
Vers Césène aujourd'hui tous ses amis sont morts,

Le bruit de son trépas commence à se répandre,
Les tyrans sont trompés ; & vous pouvez comprendre
Que ce bruit peut servir encor à le sauver.
C'est un soin que mes mains n'ont pu se réserver.
Vous êtes libre au moins ; son salut vous regarde,
Vous me voyez captive, on m'arrête, on me garde.
Je ne puis rien pour vous, ni pour lui, ni pour moi.
J'attends la mort.

SCENE II.

JULIE, FULVIE, OCTAVE, ANTOINE, TRIBUNS, LICTEURS.

ANTOINE.

Tribuns, exécutez ma loi ;
Gardez cette coupable, & répondez-moi d'elle.
Suivez de ses complots la trame criminelle ;
Qu'on l'observe : & sur-tout que nous soyons instruits
Des complices secrets par son ordre introduits.

FULVIE.

Je n'ai point de complice ; & ces noms méprisables

Sont faits pour vos fuivants, font faits pour vos femblables,
Pour ces romains nouveaux, qui formés pour fervir
Se font deshonorés jufqu'à vous obéir.
Traîtres, ne cherchez point la main qui vous menace,
La voici, vous deviez connaître mon audace.
L'art des profcriptions que j'apprenais fous vous
M'enfeignait à vous perdre & dirigeait mes coups.
Je n'ai pu fur vous deux affouvir ma vengeance.
Je l'attends de vous feuls & de votre alliance;
Je l'attends des forfaits qui vous ont fait amis;
Il vont vous divifer comme ils vous ont unis:
Il n'eft point d'amitiés entre les parricides.
L'un de l'autre jaloux, l'un vers l'autre perfides,
Vous déteftant tous deux, du monde déteftés,
Traînant de mers en mers vos infidélités,
L'un par l'autre écrafés, & bourreaux & victimes,
Puiffent vos maux fans nombre être égaux à vos crimes!
Citoyens révoltés, prétendus fouverains,
Qui vous faites un jeu du malheur des humains,
Qui paffant du carnage aux bras de la moleffe,
Du meurtre & du plaifir goutez en paix l'ivreffe,
Mon nom deviendra cher aux fiecles à venir
Pour avoir feulement tenté de vous punir.

Antoine.

Qu'on la remene, allez.

SCENE III.

JULIE, OCTAVE, ANTOINE, GARDES.

Julie (*à Octave*).

Ah ! souffrez que Julie
Loin de ses oppresseurs accompagne Fulvie.
Mon bras n'est point armé, je n'ai contre vous trois
Que mon cœur, ma misère, & nos dieux & nos loix :
Vous les méprisez tous ; mais si César encore,
Ce nom sacré pour vous, ce nom que Rome honore,
Sur vos cœurs endurcis a quelque autorité,
Osez-vous à son sang ravir la liberté ?
Pensait-il qu'en ces lieux sa niece fugitive,
Du fils qu'il adopta deviendrait la captive !

Octave.

Pensait-il que Julie avec tant de fureur
Du sang qui la forma pourrait trahir l'honneur ?

Je ne crois point votre ame encor affez hardie
Pour ofer partager les crimes de Fulvie.
Mais fans vous imputer fes forfaits infenfés
L'amante de Pompée eft criminelle affez.

JULIE.

Oui, je l'aime, Céfar; & vous l'avez du croire.
Je l'aime, je le dis, j'en fais toute ma gloire.
J'ai préféré Pompée errant, abandonné
A Céfar tout puiffant, à Céfar couronné.
Caton contre les dieux prit le parti du pere;
Je mourrai pour le fils : cette mort m'eft plus chere,
Que ne l'eft à vos yeux tout le fang des profcrits;
Sa main les rachetait, mon cœur en fut le prix.
Ne lui difputez pas fa noble récompenfe;
Céfar, contentez-vous de la toute-puiffance.
S'il honora dans Rome, & fur-tout aux combats,
Un nom dont il eft digne, & qu'il n'ufurpe pas,
Si vous êtes jaloux du nom qu'il fait revivre,
Songez à l'égaler, plutôt qu'à le pourfuivre.

OCTAVE.

Oui, Céfar eft jaloux comme il eft irrité;

Je crois valoir Pompée, & j'en suis peu flatté.

Et vous.... Mais nous allons approfondir le crime.

SCENE IV.

OCTAVE, ANTOINE, JULIE, UN TRIBUN, GARDES.

ANTOINE.

Eh bien, qu'avez-vous fait?

LE TRIBUN.

On conduit la victime.

JULIE.

Quelle victime, ô ciel!

OCTAVE.

Quel est ce malheureux?

Où l'a-t-on retrouvé?

LE TRIBUN.

Vers ces antres affreux

Au milieu des rochers qu'a frappés le tonnerre;

Du sang de nos soldats il a rougi la terre.

Aufide, de Fulvie un fecret confident

A côté de ce traître eft mort en combattant.

Il n'a cédé qu'à peine au nombre, à fes bleffures.

Nos foins multipliés dans ces roches obfcures

Ont du fang qu'il perdait arrêté les torrents,

Et rappellé la vie en fes membres fanglants.

On a befoin qu'il vive, & que dans les fupplices

Il vous inftruife au moins du nom de fes complices.

ANTOINE.

C'eft quelqu'un des profcrits qui frappant au hazard

Nous rapportait la mort aux lieux dont elle part.

On l'aura pu choifir dans une foule obfcure.

Cafca fit à Céfar la premiere bleffure (27).

Je reconnais Fulvie & fes vaines fureurs

Qui toujours contre nous armeront des vengeurs,

Mais je la forcerai de nommer ce perfide.

LE TRIBUN.

Il n'en eft pas befoin ; fa fureur intrépide

De ce grand attentât fe fait encor honneur ;

Il n'en cachera pas le motif & l'auteur.

OCTAVE.

Vous pâliffez, Julie.

LE TRIBUN.

Il vient.

JULIE.

Ciel implacable

Vous nous abandonnez !

SCENE V.

Les Acteurs précédents, POMPÉE *blessé & soutenu.*
GARDES.

OCTAVE.

QUEL es-tu ? misérable !
A ce meurtre inouï, qui pouvait t'engager ?

POMPÉE.

Est-ce Octave qui parle, & m'ose interroger ?

LE TRIBUN.

Répons au triumvir.

POMPÉE.

Eh bien, ce nom funeste,

Eh bien, ce titre affreux que la terre déteste
Devaient t'apprendre affez mon devoir, mes deffeins.

JULIE.

Je me meurs !

OCTAVE.

Qui font-ils ?

POMPÉE.

Ceux de tous les romains.

ANTOINE.

Dans un fimple foldat quelle étrange arrogance !

OCTAVE.

Sa fermeté m'étonne ainfi que fa vaillance.
Qu'es-tu donc ?

POMPÉE.

Un romain digne d'un meilleur fort.

OCTAVE.

Qui t'amenait ici ?

Pompée.

Ton châtiment, ta mort ;
Tu fais qu'elle était juste.

Julie.

Enfin ! la nôtre est sûre !

Pompée.

Du monde entier sur toi j'ai dû venger l'injure.
Apprenez triumvirs , oppresseurs des humains ,
Qu'il est des Scévola comme il est des Tarquins.
Même erreur m'a trompé... Licteurs, qu'on me présente
Le feu qui doit punir ma main trop imprudente.
Elle est prête à tomber dans le brasier vengeur ,
Ainsi qu'elle fût prête à te percer le cœur.

Octave.

Lui ! le soldat d'Aufide ! à ce nouvel outrage ,
A ces discours hardis , & sur-tout au courage
Que ce romain déploye à mes yeux confondus ,
A ces traits de grandeur sur son front répandus ,
Si je n'étais instruit que Pompée en sa fuite
Au pied de l'Appennin brave encor ma poursuite ;

Je croirais.... Mais déja vous me tirez d'erreur,
Vous pleurez, vous tremblez ; c'eſt Pompée.

JULIE.

Ah, Seigneur !

POMPÉE.

Tu ne t'es pas trompé : le romain qui te brave,
Qui vengeait ſa patrie & d'Antoine & d'Octave,
Poſſede un nom trop beau, trop cher à l'univers,
Pour ne s'en pas vanter dans l'opprobre des fers.
De Pompée en ces lieux je t'ai promis la tête :
Frappez, maîtres du monde, elle eſt votre conquête.

JULIE.

Malheureuſe !

OCTAVE.

O deſtins !

JULIE.

O pur ſang des héros !

POMPÉE.

Je n'ai pu de mon pere égaler les travaux,

Je cede à des tyrans ainsi que ce grand homme ;
Et je meurs comme lui le défenseur de Rome.

J U L I E.

Octave, es-tu content ? tu tiens entre tes mains,
Et Julie, & Pompée, & le sort des humains.
Prétends-tu qu'à tes pieds mes lâches pleurs s'épuisent?
Le faible les répand, les tyrans les méprisent.
Je me reprocherais jusqu'au moindre soupir
Qui serait inutile & le ferait rougir.
Je ne te parle plus du vainqueur de Pharsale.
Si ton pere a du sien pleuré la mort fatale
Celui qui des romains n'est plus que le bourreau
N'est pas digne de suivre un exemple si beau.
Tes édits l'ont proscrit, arrache-lui la vie ;
Mais commence par moi, commence par Julie,
Tandis que je vivrai tes jours sont en danger.
Va, ne me laisse point un héros à venger.
Toi qui m'osas aimer apprends à me connaître ;
Tyran, tu vois sa femme ; elle est digne de l'être.

O C T A V E.

Par un crime de plus fléchit-on mon couroux ?
Il n'est que plus coupable en étant votre époux.

Antoine, vous voyez ce que nos loix demandent.

ANTOINE.

Son supplice : il le faut ; nos légions l'attendent.
Je ne balance point ; César a pardonné ,
Mais César bienfaisant est mort assassiné.
Les intérêts , les tems , les hommes , tout diffère ;
Je combattis long-tems , & j'honorai son pere :
Il s'arma noblement pour le Sénat romain.
Je ne connais son fils que pour un assassin.

POMPÉE.

Lâches ! par d'autres mains vous frappez vos victimes,
J'ai fait une vertu de ce qui fait vos crimes.
Je n'ai pu vous frapper au milieu des combats.
Vous aviez vos bourreaux , je n'avais que mon bras.
J'ai sauvé cent proscrits ; & je l'étais moi-même :
Vous l'êtes par les loix. Votre grandeur suprême
Fut votre premier crime & méritait la mort.
Par le droit des brigands arbitres de mon sort ,
Vous croyez m'abaisser ! vous ! dans votre insolence
Sachez qu'aucun mortel n'aura cette puissance.
Le ciel même , le ciel , qui me laisse périr ,
Peut accabler Pompée , & non pas l'avilir.

ANTOINE.

ANTOINE.

Vous voyez sa fureur, elle nous justifie ;
Assurez notre empire, assurez votre vie.

JULIE.

Barbares !

OCTAVE.

Je connais son courage effréné ;
Et Julie en l'aimant l'a déja condamné.

ANTOINE.

Sa mort depuis long-tems fut par nous préparée,
Elle est trop légitime, elle est trop différée.
C'est vous qu'il attaquait, c'est vous seul qui devez
Annoncer le destin que vous lui réservez.

OCTAVE.

Vous approuvez ainsi l'arrêt que je vais rendre ?

ANTOINE.

Prononcez, j'y souscris.

POMPÉE.

Je suis prêt à l'entendre,

A le subir.

O C T A V E (*après un long silence*).

Je suis le maître de son sort ;
Si je n'étais que Juge il irait à la mort.
Je suis fils de César , j'ai son exemple à suivre.
C'est à moi d'en donner... Je pardonne , il doit vivre.
Antoine , imitez-moi : j'annonce aux Nations
Que je finis le meurtre & les proscriptions ;
Elle ont trop duré ; je veux que Rome apprenne.....

A N T O I N E.

Que vous voulez sur moi laisser tomber la haine ,
Ramener les esprits pour m'en mieux éloigner ,
Séduire les romains , pardonner pour régner.

O C T A V E.

Non , je veux vous apprendre à vaincre la vengeance ;
L'amour est plus terrible , a plus de violence.
A mon âge , peut être , il devait m'emporter ;
Il me combat encor ; & je veux le dompter.
Commençons l'un & l'autre un empire plus juste.
Que l'on oublie Octave, & qu'on chérisse Auguste (28).
Soyez jaloux de moi : mais pour mieux effacer
Jusqu'aux traces du sang qu'il nous fallut verser ,

Pardonnons à Fulvie , à ces malheureux reftes

Des profcrits échappés à nos ordres funeftes ;

Par les cris des humains laiffons-nous défarmer ;

Et puiffe Rome un jour apprendre à nous aimer (29)

(à Julie).

Je vous rends à Pompée en lui rendant la vie.

Il n'aurait rien reçu s'il vivait fans Julie.

(à Pompée).

Sois pour ou contre nous , brave ou fubi nos loix ,

Sans te craindre ou t'aimer je t'en laiffe le choix.

Soutenons à l'envi les grands noms de nos peres ,

Ou généreux amis , ou nobles adverfaires.

Si du peuple romain tu te crois le vengeur ,

Ne fois mon ennemi que dans les champs d'honneur.

Loin du triumvirat va chercher un réfuge.

Je prends entre nous deux la victoire pour juge.

Ne verfons plus de fang qu'au milieu des hazards ;

Je m'en remets aux dieux , ils font pour les Céfars.

J u l i e.

Octave , eft-ce bien vous ? eft-il vrai ?

P o m p é e.

Tu m'étonnes !
G ij

En vain tu deviens grand, en vain tu me pardonnes ;
Rome, l'état, mon nom nous rendent ennemis ;
La haîne qu'entre nous nos peres ont tranfmis
Eft par eux commandée ; & comme eux immortelle.
Rome par toi foumife à fon fecours m'appelle.
J'emploierai tes bienfaits, mais pour la délivrer :
Va, je la dois fervir : mais je dois t'admirer.

Fin de la Tragédie.

NOTES.

(1).

en cette île funeste.

Cette île, où les triumvirs commencèrent les proscriptions, est dans la rivière Rèno, auprès de Bononia, que nous nommons Bologne. Elle n'est pas si grande qu'elle semble l'être dans cette Tragédie ; mais je crois qu'on peut très bien supposer, sur-tout en poésie, que l'île & la riviere étaient plus considérables autrefois qu'aujourd'hui ; & sur-tout ce tremblement de terre dont il est parlé dans Pline peut avoir diminué l'un & l'autre. Il y a dans l'histoire plusieurs exemples de pareils changements produits par des volcans & par des tremblements de terre. Ce fut dans ce tems-là même que la nouvelle ville d'Epidaure, sur le golphe Adriatique, fut renversée de fond en comble, & le cours de la riviere sur laquelle elle était située fut changé & très diminué.

G iij

(2).

il épouſe Octavie.

Il eſt bon d'obſerver qu'Antoine n'épouſa Octavie que long-tems après ; mais c'eſt aſſez qu'il ait été beaufrere d'Octave. Il ne répudia point Octavie, mais il fût ſur le point de la répudier quand il fut amoureux de Cléopatre , & elle mourut de chagrin & de colere.

(3).

Octave vous aima.

Les hiſtoriens diſent que Fulvie fit lès avances à Octave , & qu'il ne la trouva pas aſſez belle ; ce qui paraît en effet par les vers licencieux qu'il fit contre Fulvie.

> Quod f. . . . Glaphyram Antonius , hanc mihi pœnam
>   Fulvia conſtituit , ſe quoque uti f. . . .
> Aut f. . . . , aut pugnemus , ait ! quid quod mihi vitâ
>   Charior eſt ipſâ mentula , ſigna canant.

Cette abominable épigramme eſt un des plus forts témoignages de l'infamie des mœurs d'Au-

gufte. Peut-être l'auteur de la piéce en a t-il in-
féré qu'Octave s'était dégouté de Fulvie, ce qui
arrive toujours dans ces commerces fcandaleux.
Octave & Fulvie étaient également ennemis des
mœurs, & prouvent l'un & l'autre la dépravation de ces tems exécrables ; & cependant Augufte affecta depuis des mœurs févères.

(4).

Paffer Antoine même en fes emportemens.

Il eft très vrai qu'Augufte fut long-tems livré
à des débauches de toute efpece. Suetone nous
en apprend quelques-unes. Ce même Sextus Pompée dont nous parlerons, lui reprocha des fai-
bleffes infâmes, *effeminatum infectatus eft.* Antoine avant le triumvirat déclara que Céfar,
grand oncle d'Augufte, ne l'avait adopté pour
fon fils, que parcequ'il avait fervi à fes plaifirs;
adoptionem avunculi ftupro meritum. Lucius lui
fit le même reproche, & prétendit même qu'il
avait pouffé la baffeffe jufques à vendre fon corps
à Hirtius pour une fomme très confidérable. Son

G iv

impudence alla depuis jufqu'à arracher une femme confulaire à fon mari au milieu d'un fouper ; il paffa quelque-tems avec elle dans un cabinet voifin , & la ramena enfuite à table , fans que lui , ni elle , ni fon mari en rougiffent.

Nous avons encore une lettre d'Antoine à Augufte conçue en ces mots : *Ita valeas ut hanc Epiftolam cum leges non inieris Teftullam , aut Terentillam , aut Ruffilam , aut Salviam , aut omnes. Anne refert ubi , & in quam arrigas.* On n'ofe traduire cette lettre licencieufe.

Rien n'eft plus connu que ce fcandaleux feftin de cinq compagnons de fes plaifirs , avec fix principales femmes de Rome. Ils étaient habillés en dieux & en déeffes , & ils en imitaient toutes les impudicités inventées dans les fables :

Dum nova divorum cœnat adulteria.

Enfin , on le défigna publiquement fur le théâtre par ce fameux vers.

Vides ne ut cinœdus orbem digito temperet ?

Prefque tous les auteurs latins qui ont parlé

d'Ovide prétendent qu'Augufte n'eut l'infolence d'exiler ce chevalier romain, qui était beaucoup plus honnête homme que lui, que parcequ'il avait été furpris par lui dans un incefte avec fa propre fille Julia, & qu'il ne rélegua même fa fille que par jaloufie. Cela eft d'autant plus vraifemblable, que Caligula publiait hautement que fa mere était née de l'incefte d'Augufte & de Julie; c'eft ce que dit Suetone dans la vie de Caligula. On fait qu'Augufte avait répudié la mere de Julie le jour même qu'elle accoucha d'elle, & il enleva le même jour Livie à fon mari, groffe de Tibere, autre monftre qui lui fuccéda. Voilà l'homme à qui Horace difoit :

> Res italas armis tuteris, moribus ornes,
> Legibus eméndes, &c.

Antoine n'était pas moins connu par fes débordements effrénés. On le vit parcourir toute l'Appulie dans un char fuperbe traîné par des lions, avec la courtifanne Citheris qu'il careffait publiquement en infultant au peuple romain. Cicéron lui reproche encore un pareil voyage fait aux dépens des peuples , avec une baladine nommée Hyppias & des farceurs. C'était un soldat grossier, qui jamais dans ses débauches n'avait eu de respect pour les bienséances. Il s'abandonnait à la plus honteuse ivrognerie & aux plus infâmes excès. Le détail de toutes ces horreurs passera à la derniere postérité dans les philippiques de Cicéron. *Sed jam stupra & flagitia omittam , sunt quædam quæ honesté non possum dicere , &c.* Phil. 2. Voilà Cicéron qui n'ose dire devant le Sénat ce qu'Antoine a osé faire ; preuve bien évidente que la dépravation des mœurs n'était point autorisée à Rome comme on l'a prétendu. Il y avait même des loix contre les Gitons, qui ne furent jamais abrogées. Il est vrai que ces loix ne punissaient point par le feu un vice qu'il faut tâcher de prévenir , & qu'il faut souvent ignorer. Antoine & Octave , le grand César & Sylla , furent atteints de ce vice : mais on ne le reprocha jamais aux Scipions, aux Metellus , aux Catons , aux Brutus , aux Cicérons ; tous étaient des gens de bien , tous périrent cruellement.

Leurs vainqueurs furent des brigands plongés dans la débauche. On ne peut pardonner aux hiſ-toriens flatteurs ou ſéduits, qui ont mis de pareils monſtres au rang des grands hommes ; & il faut avouer que Virgile & Horace ont montré plus de baſſeſſe dans les éloges prodigués à Auguſte, qu'il n'ont déployé de goût & de génie dans ces triſtes monuments de la plus lâche ſervitude.

Il eſt difficile de n'être pas ſaiſi d'indignation en liſant à la tête des géorgiques, qu'Auguſte eſt un des plus grands dieux, & qu'on ne ſait quelle place il daignera occuper un jour dans le ciel ; s'il régnera dans les airs, où s'il ſera le protec-teur des villes, ou bien s'il acceptera l'empire des mers ?

> An Deus immenſi venias maris, ac tua nautæ
> Numina ſola colant, tibi ſerviat ultima Thule.

L'Arioſte parle bien plus ſenſément, comme auſſi avec plus de grace, quand il dit dans ſon admirable trente-cinquiéme chant :

» Non fu si tanto ne bénigno Augusto ;

» Come la tromba di Virgilio suona ;

» L'aver avuto in poësia buon gusto ,

» La proscriptione iniqua gli perdona &c.

Tacite fait aisément comprendre comment le peuple romain s'accoutuma enfin au joug de ce tyran habile & heureux, & comment les lâches fils des plus dignes républicains crurent être nés pour l'esclavage. Nul d'eux, dit il, n'avait vu la république.

(5.)

. . . . mes deux tyrans en secret se détestent.

Non - seulement Octave & Antoine se haïssaient & se craignaient l'un & l'autre, non-seulement ils s'étaient déja fait la guerre auprès de Modène , mais Octave avait voulu assassiner Antoine ; & quand ils conférerent ensemble dans l'île du Réno, ils commencerent par se fouiller réciproquement ; se soupçonnant également l'un & l'autre d'être des assassins. Il est bien évident que la vengeance du meurtre de César ne fut jamais que le prétexte de leur ambition. Ils n'a-

girent que pour eux-mêmes, foit quand ils furent ennemis, foit quand ils furent alliés. Il me.
femble que l'auteur de la Tragédie a bien raifon
de dire :

A quels mortels, grands dieux, livrez-vous l'univers !

Le monde fut ravagé depuis l'Euphrate jufqu'au fond de l'Efpagne par deux fcélérats fans
pudeur, fans loi, fans honneur, fans probité,
fourbes, ingrats, fanguinaires, qui dans une
république bien policée auraient péri par le dernier fupplice. Nous fommes encore éblouis de
leurs fplendeurs, & ne devrions être étonnés
que de l'atrocité de leur conduite. Si on nous
racontait de pareilles actions de deux citoyens
d'une petite ville, elles nous dégoûteraient ;
mais l'éclat de la grandeur de Rome fe répand
fur eux ; elle nous en impofe & nous fait pref-
-que refpecter ce que nous haïffons dans le fond
du cœur.

Les derniers tems de l'empire d'Augufte font
encore cités avec admiration, parceque Rome
goûta fous lui l'abondance, les plaifirs & la paix.

Il régna avec gloire, mais enfin il ne fut jamais cité comme un bon Prince. Quand le sénat complimentait les empereurs à leur avenement, que leur souhaitait-il ? d'être plus heureux qu'Auguste, meilleurs que Trajan, *felicior Augusto*, *melior Trajano*. L'opinion de l'empire romain fut donc qu'Auguste n'avait été qu'heureux, mais que Trajan avait été bon. En effet, comment peut-on tenir compte à un brigand enrichi, d'avoir joui en paix du fruit de ses rapines & de ses cruautés ? *Clementiam non voco,* dit Séneque, *lassam crudelitatem.*

(6).

..... Lucius Céfar a des amis fecrets.

Ce Lucius Céfar avait épousé une tante d'Antoine, & Antoine le profcrivit. Il fut fauvé par les foins de fa femme qui s'appellait Julie. Je n'ai trouvé dans aucun hiftorien qu'il ait eu une fille du même nom ; je laiffe à ceux qui connaiffent mieux que moi les règles du théâtre & les priviléges de la poéfie, à décider s'il est permis

d'introduire fur la fcene un perfonnage important qui n'a pas réellement exifté. Je crois que
fi cette Julie était aufli connue qu'Antoine &
Octave, elle ferait un plus grand effet. Je pro-
pofe cette idée moins comme une critique que
comme un doute.

(7).

l'infâme avarice, &c.

Le prix de chaque tête était de cent mille fef-
terces, qui font aujourd'hui environ vingt deux
mille livres de notre monnoie. Mais il eft très
probable que le fang de Sextus Pompée, de Cicéron & des principaux profcrits, fut mis à un
prix plus haut, puifque Popilius Lænas, affaffin
de Cicéron, reçut la valeur de deux cents mille
francs pour fa récompenfe.

Au refte, le prix ordinaire de cent mille fef-
terces pour les hommes libres qui affaffineraient
des citoyens, fut réduit à quarante mille pour
les efclaves. L'ordonnance en fut affichée dans
toutes les places publiques de Rome. Il y eut

trois cents sénateurs de proscrits, deux mille chevaliers, plus de cent négociants, tous peres de famille. Mais les vengeances particulieres, & la fureur de la déprédation firent périr beaucoup plus de citoyens que les triumvirs n'en avaient condamnés. Tous ces meurtres horribles furent colorés des apparences de la justice. On assassina en vertu d'un édit : & qui osait donner cet édit ? trois citoyens qui alors n'avaient aucune prérogative que celle de la force.

L'avarice eut tant de part dans ces proscriptions, de la part même des triumvirs, qu'ils imposerent une taxe exorbitante sur les femmes & sur les filles des proscrits, afin qu'ils n'y eut aucun genre d'atrocité dont ces prétendus vengeurs de la mort de César ne souillassent leur usurpation.

Il y eut encore une autre espece d'avarice dans Antoine & dans Octave, ce fut la rapine & la déprédation qu'ils exercerent l'un & l'autre dans la guerre civile qui survint bientôt après entr'eux. Antoine dépouilla l'orient, & Auguste força

les

lès romains & tous les peuples d'occident foumis à Rome, de donner le quart de leurs revenus, indépendamment des impôts fur le commerce. Les affranchis payerent le huitiéme de
leurs fonds. Les citoyens romains, depuis le
triomphe de Paul Emile jufqu'à la mort de Céfar,
n'avaient été foumis à aucun tribut. Ils furent vexés & pillés lorfqu'ils combattirent pour favoir
de qui ils feraient efclaves, ou d'Octave ou d'Antoine.

Ces déprédateurs ne s'en tinrent pas là. Octave, immédiatement avant la guerre de Péroufe,
donna à fes vétérans toutes les terres du territoire de Mantoue & de Crémone. Il chaffa de
leurs foyers un nombre prodigieux de familles
innocentes, pour enrichir les meurtriers qui
étaient à fes gages. Céfar, fon pere, n'en avait
point ufé ainfi; & même quoique dans les Gaules il eût exercé tous les brigandages qui font les
fuites de la guerre, on ne voit pas qu'il ait dépouillé une feule famille Gauloife de fon héritage. Nous ne favons pas fi lorfque les bourgui

gnons, & après eux les francs vinrent dans la Gaule , ils s'approprierent les terres des vaincus. Il eſt bien prouvé que Clovis & les ſiens pillerent tout ce qu'ils trouverent de précieux , & qu'ils mirent les anciens colons dans une dépendance qui approchait de la ſervitude ; mais enfin , ils ne les chaſſerent pas des terres que leurs peres avaient cultivées. Ils le pouvaient en qualité d'étrangers , de barbares & de vainqueurs; mais Octave dépouillait ſes compatriotes.

Remarquons encor que toutes ces abominations romaines ſont du tems où les arts étaient perfectionnés en Italie , & que les brigandages des francs & des bourguignons ſont d'un tems où les arts étaient abſolument ignorés dans cette partie du monde , alors preſque ſauvage.

La philoſophie morale qui avait fait tant de progrès dans Cicéron , dans Atticus , dans Lucrece , dans Memmius , & dans les eſprits de tant d'autres dignes romains , ne put rien contre les fureurs des guerres civiles. Il eſt abſurde & abominable de dire que les belles - lettres avaient corrompu les mœurs. Antoine, Octave & leurs suivants ne furent pas méchants à cause de l'étude des lettres, mais malgré cette étude. C'est ainsi que du tems de la ligue les Montagne, les Charron, les de Thou, les l'Hôpital, ne purent s'opposer au torrent de crimes dont la france fut inondée.

(8).

Mon génie était né pour les guerres civiles.

Fulvie se rend ici une exacte justice. Elle précipita le frere d'Antoine dans sa ruine ; elle cabala avec Auguste & contre Auguste. Elle fut l'ennemie mortelle de Cicéron ; elle était digne de ces tems funestes. Je ne connais aucune guerre civile où quelque femme n'ait joué un rôle.

(9).

Lépide est un fantôme. . . .

. . . Il était en effet tel que l'auteur le dépeint ici. Le lâche proscrivit jusqu'à son propre frere pour s'attirer l'affection de ses deux collègues, qu'il ne

put jamais obtenir. Il fut obligé de se démet-
tre de sa place de triumvir après la bataille de
Philippes : il demeura pontife comme l'auteur le
dit , mais sans crédit & sans honneurs. Octave &
lui moururent paisibles, l'un tout puissant, l'autre
oublié.

(10).

L'Orient est à vous.

Ce ne fut point ainsi que fut fait le partage
dans l'île du Réno. Ce ne fut qu'après la bataille
de Philippes , qu'Octave se réserva l'Italie , & ce
nouveau partage même fut la source de tous les
malheurs d'Antoine & de la prospérité d'Auguste.
Mais n'est on pas étonné de voir deux citoyens
débauchés , dont l'un même n'était pas guerrier,
partager tranquillement tout ce que possedent
aujourd'hui le sultan des turcs , l'empereur de
Maroc, la maison d'Autriche, les rois de France,
d'Angleterre , d'Espagne , de Naples , de Sar-
daigne , les républiques de Venise , de Suisse &
de Hollande ? & ce qui est encor plus singu-

lier, c'est que cette vaste domination fut le fruit de sept cents ans de victoires consécutives, depuis Romulus jusqu'à César.

(11).

Et je n'ai que des rois.

On remarque en effet qu'avant la bataille d'Actium, il y eut un jour quatorze rois dans l'antichambre d'Antoine ; mais ces rois ne valaient ni les légions Romaines, ni même le seul Agrippa qui gagna la bataille, & qui fit triompher le peu courageux Auguste de la valeur d'Antoine. Ce maître de l'Asie faisait peu de cas des rois qui le servaient, il fit fouetter le roi de Judée Antigone, après quoi ce petit monarque fut mis en croix. Le prétendu royaume d'Antigone se bornait au territoire pierreux de Jerusalem & à la Galilée. Antoine avait donné le pays de Jéricho à Cléopâtre qui jouissait de la terre promise. Il dépouillait souvent un roi d'une province pour en gratifier un favori. Il est bon de faire attention à tant d'insolence d'un côté, & à tant d'abrutissement de l'autre.

H iij

(12).

Craignez-vous un augure ?

Auguste feignit toujours d'être superstitieux ; & peut-être le fut-il quelquefois. Il eut, au rapport de Suetone, la faiblesse de croire qu'un poisson qui sautait hors de la mer sur le rivage d'Actium, lui présageait le gain de la bataille. Ayant ensuite rencontré un anier, il lui demanda le nom de son âne ; l'anier lui répondit qu'il s'appellait *Vainqueur*. Octave ne douta plus qu'il ne dût remporter la victoire. Il fit faire des statues d'airain de l'anier, de l'âne & du poisson. Il les plaça dans le Capitole. On rapporte de lui beaucoup d'autres petitesses, qui en contrastant avec tant de cruautés, forment le portrait d'un méchant méprisable, mais qui devint habile, & c'est à lui qu'on a dressé des autels de son vivant !

A quels mortels, grands dieux, livrez-vous l'univers !

(13).

Sacrifier Pompée.

Ce Sextus Pompéius dont nous avons déjà

parlé, était fils du grand Pompée. Son caractere était noble, violent & téméraire. Il se fit une
réputation immortelle dans le tems des proscriptions ; il eut le courage de faire afficher dans
Rome qu'il donnerait à ceux qui sauveraient les
proscrits, le double de ce que les triumvirs pro-
mettaient aux assassins. Il finit par être tué en
Phrygie par ordre d'Antoine. Son frere Cnéius
avait été tué en Espagne à la bataille de Munda.
Ainsi toute cette famille si chere aux romains,
& qui combattait pour les loix, périt malheu-
reusement, & Auguste si long-tems l'ennemi de
toutes les loix mourut dans la vieillesse la plus
honorée.

(14).

César en fit autant.

Cela est incontestable, & je crois qu'on peut
remarquer que presque tous les chefs de parti
dans les guerres civiles, ont été des voluptueux,
si l'on en excepte peut-être quelques guerres fanatiques, comme celle dans laquelle

H iv

Cromwel fe fignala. Les chefs de la fronde ;
ceux de la ligue, ceux des maifons de Bourgogne & d'Orléans, ceux de la rofe blanche &
ceux de la rofe rouge , s'abandonnerent aux plaifirs aux milieu des horreurs de la guerre. Ils in-
fulterent toujours aux mifères publiques , en fe
livrant à la plus énorme licence ; & les rapines
les pl ıs odieufes fervirent toujours à payer leurs
plaifirs. On en voit de grands exemples dans les
mémoires du cardinal de Retz. Lui-même s'abandonnait quelquefois à la plus baffe débauche, &
bravait les mœurs en donnant des bénédictions.
Le duc de Borgia, fils du pape Alexandre VI, en
ufait ainfi dans le tems qu'il affaffinait tous les
feigneurs de la Romagne ; & le peuple ftupide
ofait à peine murmurer. Tout cela n'eft pas étonnant. La guerre civile eft le théâtre de la licence , & les mœurs y font immolées avec les citoyens.

(15).

Vers l'humaine équité quelque faible retour.

Il faut avouer qu'Augufte eut de ces retours

heureux, quand le crime ne lui fut plus néces-
faire, & qu'il vit qu'étant maître abfolu, il n'a-
vait plus d'autre intérêt que celui de paraître
jufte. Mais il me femble qu'il fut toujours plus
impitoyable que clément ; car après la bataille
d'Actium il fit égorger le fils d'Antoine au pied
de la ftatue de Céfar, & il eut la barbarie de
faire trancher la tête au jeune Céfarion, fils de
Céfar & de Cléopâtre, que lui-même avait re-
connu pour roi d'Egypte.

Ayant un jour foupçonné le préteur Gallius
Quintus d'être venu à l'audience avec un poi-
gnard fous fa robe, il le fit appliquer en fa pré-
fence à la torture ; & dans l'indignation où il fut
de s'entendre appeller tyran par ce fénateur, il
lui arracha lui-même les yeux, fi on en croit
Suétone.

On fait que Céfar, fon pere adoptif, fut affez
grand pour pardonner à prefque tous fes ennemis ; mais je ne vois pas qu'Augufte ait pardonné à un feul. Je doute fort de fa prétendue clémence envers Cinna. Tacite, ni Suétone ne di-

fent rien de cette avanture. Suétone qui parle
de toutes les confpirations faites contre Augufte
n'aurait pas manqué de parler de la plus célebre.
La fingularité d'un confulat donné à Cinna pour
prix de la plus noire perfidie, n'aurait pas échappé à tous les hiftoriens contemporains. Dion
Caffius n'en parle qu'après Senéque ; & ce mor-
ceau de Senéque reffemble plus à une déclamation qu'à une vérité hiftorique. De plus, Senéque met la fcène en Gaule, & Dion à Rome. Il
y a là une contradiction qui acheve d'ôter toute
vrai-femblance à cette avanture. Aucune de nos
hiftoires romaines compilées à la hâte & fans
choix, n'a difcuté ce fait intéreffant. L'hiftoire
de Laurent Echard eft auffi fautive que tron-
quée. L'efprit d'examen a rarement conduit les
écrivains.

Il fe peut que Cinna ait été foupçonné ou
convaincu par Augufte de quelque infidélité,
& qu'après l'éclairciffement, Augufte lui eut ac-
cordé le vain honneur du confulat : mais il n'eft
nullement probable que Cinna eût voulu par une

confpiration s'emparer de la puiſſance ſuprême,
lui qui n'avait jamais commandé d'armée , qui
n'était appuyé d'aucun parti , qui n'était pas enfin un homme confidérable dans l'empire. Il n'y
a pas d'apparence qu'un ſimple courtiſan ait eu la
folie de vouloir ſuccéder à un ſouverain affermi
par un régne de vingt années , qui avait des hé-
ritiers ; & il n'eſt nullement probable qu'Auguſte
l'eût fait conſul immédiatement après la conſpiration.

Si l'avanture de Cinna eſt vraie , Auguſte ne
pardonna que malgré lui , vaincu par les raiſons
ou par les importunités de Livie , qui avait pris
ſur lui un grand aſcendant , & qui lui perſuada
que le pardon lui ſerait plus utile que le châtiment ; ce ne fut donc que par politique qu'on
le vit une fois exercer la clémence ; ce ne fut
certainement point par généroſité.

Je ſais que le public n'a pu ſouffrir dans le
Cinna de Corneille , que Livie lui inſpirât la
clémence qu'on a vantée. Je n'examine ici que
la vérité des faits ; *une tragédie n'eſt pas une hiſ-*

toire. On reprochait à Corneille d'avoir avili fon héros, en donnant à Livie tout l'honneur du pardon. Je ne déciderai point fi on a eu raifon ou tort de fupprimer cette partie de la piéce qui eft aujourd'hui regardée comme une vérité fur la foi de la déclamation de Senéque.

Je crois bien qu'Augufte a pu pardonner quelquefois par politique, & affecter de la grandeur d'ame : mais je fuis perfuadé qu'il n'en avait pas ; & fous quelques traits héroïques qu'on puiffe le repréfenter fur le théâtre, je ne peux avoir d'autre idée de lui que celle d'un homme uniquement occupé de fon intérêt pendant toute fa vie. Heureux quand cet intérêt s'accordait avec la gloire. Après tout, un trait de clémence eft toujours grand au théâtre, & fur-tout quand cette clémence expofe à quelque danger. Il faut, dit-on, fur la fcène être plus grand que nature.

(16).

Le fphynx eft fon emblême, &c.

Il eft vrai qu'Augufte porta long-tems au doigt

un anneau sur lequel un sphynx était gravé. On dit qu'il voulait marquer par-là qu'il était impénétrable. Pline le naturaliste rapporte que lorsqu'il fut seul maître de la république , les applications odieuses trop souvent faites par les romains à l'occasion du sphynx , le déterminerent à ne plus se servir de ce cachet ; & il y substitua la tête d'Alexandre. Mais il me semble que cette tête d'Alexandre devait lui attirer des railleries encor plus fortes , & que la comparaison qn'on devait faire continuellement d'Alexandre & de lui , n'était pas à son avantage. Celui qui par son courage héroïque vengea la Grece de la tyrannie du plus puissant roi de la terre , n'avait rien de commun avec le petit - fils d'un simple chevalier , qui se servit de ses concitoyens pour asservir sa patrie. *Voyez* les remarques suivantes.

(17).

J'ai vu périr Caton.

Je propose ici quelques réflexions sur la vie & sur la mort de Caton. Il ne commanda jamais d'armée, il ne fut que simple préteur, & cependant nous prononçons son nom avec plus de vénération que celui des César, des Pompée, des Brutus, des Cicérons, & des Scipions mêmes. C'est que tous ont eu beaucoup d'ambition ou de grandes faiblesses. C'est comme citoyen vertueux, c'est comme stoïcien rigide, qu'on révere Caton malgré soi, tant l'amour de la patrie est respecté par ceux mêmes à qui les vertus patriotiques sont inconnues, tant la philosophie Stoïcienne force à l'admiration ceux mêmes qui en sont le plus éloignés. Il est certain que Caton fit tout pour le devoir, tout pour la patrie, & jamais rien pour lui. Il est presque le seul romain de son tems qui mérite cet éloge. Lui seul, quand il fut quêteur, eut le courage, non - seulement de refuser aux exécuteurs des proscriptions de Sylla l'argent qu'ils redemandaient encor en vertu des rescriptions que Sylla leur avoit laissées sur le trésor public; mais il les accusa de concussion & d'homicide, & les fit condamner à mort, donnant ainsi un terrible exemple aux triumvirs qui dédaignerent d'en profiter. Il fut ennemi de quiconque aspirait à la tyrannie. Retiré dans Utique après la bataille de Tapsa que César avoit gagnée, il exhorte les sénateurs d'Utique à imiter son courage, à se défendre contre l'usurpateur ; il les trouve inti-midés ; il a l'humanité de pourvoir à leur sûreté dans leur fuite. Quand il voit qu'il ne lui reste plus aucune espérance de sauver sa patrie, & que sa vie est inutile, il sort de la vie sans écouter un moment l'instinct qui nous attache à elle ; il se réjoint à l'être des êtres loin de la tyrannie.

On trouve dans les odes de Lamothe un couplet contre Caton :

> Caton d'un ame plus égale
> Sous l'heureux vainqueur de Pharsale
> Eut souffert que l'homme pliât,
> Mais incapable de se rendre
> Il n'eut pas la force d'attendre
> Un pardon qui l'humiliât.

On voit dans ces vers quelle est l'énorme dif-

férence d'un bourgeois de nos jours & d'un héros
de Rome. Caton n'aurait pas eu une ame égale,
mais très inégale, si ayant toute sa vie soutenu
la cause divine de la liberté, il l'eût enfin abandonnée. On lui reproche ici d'être incapable de
se rendre, c'est-à-dire d'être incapable de lâcheté. On prétend qu'il devait attendre son pardon ;
on le traite comme s'il eut été un rébelle ré-
volté contre son souverain légitime & absolu,
auquel il aurait fait volontairement serment de
fidélité.

Les vers de Lamothe font d'un cœur esclave
qui cherche de l'esprit. Je rougis quand je vois
quels grands hommes de l'antiquité nous nous
efforçons tous les jours de dégrader, & quels
hommes communs nous célébrons dans notre
petite sphère.

D'autres plus méprisables ont jugé Caton par
les principes d'une religion qui ne pouvait être
la sienne, puisqu'elle n'existait pas encore. Rien
n'est plus injuste ni plus extravagant. Il faut le
juger par les principes de Rome, de l'héroïsme

&

& du stoïcisme, puisqu'il était romain, héros &
stoïcien.

(18).

Les Scipions font morts aux déferts de Carthage.

Je ne fais pas ce que l'auteur entend par ce
vers. Je ne connais que Métellus Scipion qui fit
la guerre contre Céfar en Afrique, conjointe-
ment avec le roi Juba. Il perdit la grande bataille
de Tapfa, & voulant enfuite traverfer la mer
d'Afrique, la flotte de Céfar coula fon vaiffeau à
fond. Scipion périt dans les flots & non dans les
déferts. J'aimerais mieux que l'auteur eût mis,
les Scipions font morts aux Syrtes de Carthage.
Il faut de la vérité autant qu'on le peut.

(19).

Cicéron tu n'es plus, &c.

Je remarquerai fur le meurtre de Cicéron, qu'il
fut affaffiné par un tribun militaire nommé Popilius Lænas, pour lequel il avait daigné plai-

I

der , & auquel il avait fauvé la vie. Ce meurtrier reçut d'Antoine deux cents mille livres de
notre monnoie , pour la tête & les deux mains
de Cicéron qu'il lui apporta dans le Forum. Antoine les fit clouer à la tribune aux harangues.
Les fiecles fuivants on vu des affaffinats , mais
aucun qui fut marqué par une fi horrible ingratitude , ni qui ait été payé fi cherement. Les
affaffins de Valftein , du maréchal d'Ancre , du
duc de Guife le Balafré , du duc de Parme Far-
nèfe , bâtard du pape Paul III , & de tant d'autres , étaient à la vérité des gentils-hommes , ce
qui rend leur attentât encor plus infâme ; mais
du moins ils n'avaient pas reçu de bienfaits des
princes qu'ils maffacrerent ; ils furent les indignes inftrumens de leurs maîtres ; & cela ne
prouve que trop que quiconque eft armé du pouvoir , & peut donner de l'argent , trouve toujours des bourreaux mercenaires quand il le veut :
mais des bourreaux gentilshommes , c'eft-là ce
qui eft le comble de l'infamie.

Remarquons que cette horreur & cette baf-
feſſe ne fut jamais connue dans les tems de la
chevalerie ; je ne vois aucun chevalier aſſaſſin
pour de l'argent.

Si l'auteur de l'eſprit des loix avait dit que
l'honneur était autrefois le reſſort & le mobile de
la chevalerie, il aurait eu raiſon : mais prétendre
que l'honneur eſt le mobile de la monarchie, après
les aſſaſſinats à prix fait du maréchal d'Ancre &
du duc de Guiſe, & après que tant de gentils-
hommes ſe font faits bourreaux & àrchers, après
tant d'autres infamies de tous les genres, cela
eſt auſſi peu convenable que de dire que la vertu
eſt le mobile des républiques. Rome était encor république du tems des proſcriptions de
Sylla, de Marius & des Triumvirs. Les maſſacres
d'Irlande, la ſaint Barthelemi, les vêpres Siciliennes, les aſſaſſinats des ducs d'Orléans & de
Bourgogne, le faux monnòyage, tout cela fut
commis dans des monarchies.

Revenons à Cicéron. Quoique nous ayons ſes

ouvrages , S. Evremont eſt le premier qui nous ait
avertis qu'il fallait conſidérer en lui l'homme d'é-
tat & le bon citoyen. Il n'eſt bien connu que par
l'hiſtoire excellente que Midleton nous a donnée
de ce grand homme. Il était le meilleur orateur
de ſon tems , & le meilleur philoſophe. Ses
Tuſculanes & ſon Traité de la nature des Dieux,
ſi bien traduits par l'abbé d'Olivet , & enrichis de
notes ſavantes, ſont ſi ſupérieurs dans leur genre,
que rien ne les a égalés depuis , ſoit que nos
bons auteurs n'aient pas oſé prendre un tel eſſor ,
ſoit qu'ils n'aient pas eu les aîles aſſez fortes.
Cicéron diſait tout ce qu'il voulait ; il n'en eſt
pas ainſi parmi nous. Ajoutons encor que nous
n'avons aucun traité de morale qui approche de
ſes Offices ; & ce n'eſt pas faute de liberté que
nos auteurs modernes ont été ſi au-deſſous de
lui en ce genre , car de Rome à Madrid on eſt
ſûr d'obtenir la permiſſion d'ennuyer en mora-
lités.

 Je doute que Cicéron ait été un auſſi grand

homme en politique. Il se laissa tromper à l'âge
de soixante & trois ans par le jeune Octave qui
le sacrifia bientôt au ressentiment de Marc Antoine. On ne vit en lui ni la fermeté de Brutus,
ni la circonspection d'Atticus. Il n'eut d'autre
fonction dans l'armée du grand Pompée que celle
de dire des bons mots. Il courtisa ensuite César;
il devait, après avoir prononcé les Philippiques,
les soutenir les armes à la main. Mais je m'arrête, je ne veux pas faire la satyre de Cicéron.

(20).

Ont fait couler le sang du plus grand des mortels.

Je propose ici une conjecture. Il me semble
que l'intérêt des ministres du jeune Ptolomée âgé
de treize ans, n'était point du tout d'assassiner
Pompée, mais de le garder en ôtage, comme un
gage des faveurs qu'ils pouvaient obtenir du vainqueur, & comme un homme qu'ils pouvaient lui
opposer s'il voulait les opprimer.

Après la victoire de Pharsale, César dépêcha

I iij

des emissaires secrets à Rhodes, pour empêcher qu'on ne reçût Pompée. Il dût, ce me semble, prendre les mêmes précautions avec l'Egypte ; il n'y a personne qui en pareil cas négligeât un intérêt si important. On peut croire que César prit cette précaution nécessaire, & que les Egyptiens allerent plus loin qu'il ne voulait ; ils crurent s'assurer de sa bienveillance en lui présentant la tête de Pompée. On a dit qu'il versa des larmes en la voyant : mais ce qui est bien plus sûr, c'est qu'il ne vengea point sa mort ; il ne punit point Septime, tribun romain, qui était le plus coupable de cet assassinat. Et lorsqu'ensuite il fit tuer Achillas, ce fut dans la guerre d'Alexandrie, & pour un sujet tout différent. Il est donc très vrai-semblable que si César n'ordonna pas la mort de Pompée, il fut au moins la cause très prochaine de cette mort. L'impunité accordée à Septime est une preuve bien forte contre César. Il aurait pardonné à Pompée, je le crois, s'il l'avait eu entre ses mains ; mais je crois aussi qu'il ne le

regretta pas. Et une preuve indubitable , c'est que
la premiere chofe qu'il fit , ce fut de confifquer
tous fes biens à Rome. On vendit à l'encan la
belle maifon de Pompée ; Antoine l'acheta , &
les enfans de Pompée n'eurent aucun héritage.

(21).

Un fils de Cépias.

Dion Caffius nous apprend que le furnom du
pere d'Augufte était *Cépias*. Cet Octavianus Cépias fut le premier fénateur de fa branche. Le
grand pere d'Augufte n'était qu'un riche chevalier qui négociait dans la petite ville de Veletri,
& qui époufa la fœur aînée de Céfar , foit qu'a-
lors la famille des Céfars fût pauvre , foit qu'elle
voulût plaire au peuple par cette alliance dif-
proportionnée. J'ai déja dit qu'on reprochait à
Augufte que fon bifaïeul avait été un petit mar-
chand , un changeur à Veletri. Ce changeur paf-
fait même pour le fils d'un affranchi. Antoine ofa
appeller Octave du nom de Spartacus dans un de

ſes édits, en faiſant alluſion à ſa famille qu'on prétendait deſcendre d'un eſclave. Vous trouve-rez cette anecdote dans la huitieme philippique de Cicéron, *quem ſpartacum in ediďis appellat, &c.*

Il y a mille exemples de grandes fortunes qui ont eu une baſſe origine, ou que l'orgueil appelle baſſe : il n'y a rien de bas aux yeux du philoſophe ; & quiconque s'eſt élevé doit avoir eu cette eſpece de mérite qui contribue à l'élévation. Mais on eſt toujours ſurpris de voir Auguſte, né d'une famille ſi mince, un provincial ſans nom, devenir le maître abſolu de l'empire romain, & ſe placer au rang des dieux.

On lui donne des remords dans cette piéce, on lui attribue des ſentimens magnanimes ; je ſuis perſuadé qu'il n'en eut point, mais je ſuis perſuadé qu'il en faut au théâtre.

(22).

Par ma main.

Ce trait n'est pas historique , mais il ne m'étonne point dans Fulvie ; c'était une femme extrême en ses fureurs , & digne , comme elle le dit , du tems funeste où elle était née. Elle fut presque aussi sanguinaire qu'Antoine. Cicéron rapporte dans sa troisieme philippique, que Fulvie étant à Brindes avec son mari , quelques centurions mêlés à des citoyens voulurent faire passer trois légions dans le parti opposé ; qu'il les fit venir chez lui l'un après l'autre sous divers prétextes , & les fit tous égorger. Fulvie y était présente , son visage était tout couvert de leur sang ; *Os uxoris sanguine resperfum conflabat.* Elle fut accusée d'avoir arraché la langue à Cicéron après sa mort , & de l'voir percée de son aiguille de tête.

(23).

Ils ont trahi Lépide.

Cette réflexion de Fulvie est très convenable, puisqu'elle est fondée sur la vérité. Car après la bataille de Modène qu'Antoine avait perdue, il eut la confiance de se présenter presque seul devant le camp de Lépide, plus de la moitié des légions passa de son côté. Lépide fut obligé de s'unir avec lui, & cette avanture même fut l'origine du triumvirat.

(24).

On a vu Marius entraîner sur ses pas
Les mêmes assassins payés pour son trépas.

Non-seulement ceux de Mintiane qui avaient ordre de tuer Marius, se déclarerent en sa faveur ; mais étant encor proscrit en Afrique, il alla droit à Rome avec quelques Africains, & leva des troupes dès qu'il y fut arrivé.

(25).

. . . . Brutus & Caſſius
N'avaient pas, après tout, des projets mieux conçus.

Il eſt conſtant que Brutus & Caſſius n'avaient pris aucunes meſures pour ſe maintenir contre la faction de Céſar. Ils ne s'étaient pas aſſurés d'une ſeule cohorte, & même après avoir commis le meurtre, ils furent obligés de ſe réfugier au Capitole. Brutus harangua le peuple du haut de cette forтereſſe, & on ne lui répondit que par des injures & des outrages; on fut prêt de l'aſſiéger. Les conjurés eurent beaucoup de peine à ramener les eſprits; & lorſqu'Antoine eut montré aux romains le corps de Céſar ſanglant, le peuple animé par ce ſpectacle, & furieux de douleur & de colere, courut le fer & la flamme à la main vers les maiſons de Brutus & de Caſſius. Ils furent obligés de ſortir de Rome. Le peuple déchira un citoyen nommé Cinna, qu'il crut être un des meurtriers. Ainſi il eſt clair que l'entre-

prife de Brutus , de Caſſius & de leurs aſſociés ,
fut ſoudaine & téméraire. Ils réſolurent de tuer
le tyran à quelque prix que ce fût , quoi qu'il en
pût arriver.

Il y a vingt exemples d'aſſaſſinats produits par
la vengeance ou par l'entouſiaſme de la liberté ,
qui furent l'effet d'un mouvement violent plutôt
que d'une conſpiration bien réfléchie , & pru-
demment méditée. Tel fut l'aſſaſſinat du duc de
Parme Farnèſe , bâtard du pape Paul III. Telle fut
la même conſpiration des Pazzi , qui n'étaient
point ſûrs des Florentins en aſſaſſinant les Médi-
cis , & qui ſe confierent à la fortune.

(26.)

Pompée en s'approchant de ce perfide Octave ,
En croyant le punir n'a frappé qu'un eſclave.

Il y eut quelques exemples de pareille mépri-
ſe dans les guerres civiles de Rome. L'eſprit de
vertige qui animait alors les romains eſt preſque
inconcevable. Lucius Terentius voulant tuer le

pere du grand Pompée, pénétra seul jusques dans
sa tente, & crut long - tems l'avoir percé de
coups ; il ne reconnut son erreur que lorsqu'il
voulut faire soulever les troupes., & qu'il vit
paraître à leur tête celui qu'il croyait avoir égorgé. On dit que la même chose arriva depuis à
Maximien Hercule , quand il voulut se venger
de Constantin son gendre. Vous voyez aussi dans
la Tragédie de Venceslas, que Ladiflas assassine
son propre frere , quand il croit assassiner le duc
son rival.

<h2 style="text-align:center">(27).</h2>

Casca fit à César la premiere blessure.

L'auteur se trompe ici. Casca n'était point un
homme du peuple. Il est vrai qu'il n'y eut en lui
rien de recommandable ; mais enfin, c'était un
sénateur , & on ne devait pas le traiter d'homme
obscur, à moins qu'on n'entende par ce mot un
homme sans gloire, ce qui me semble un peu
forcé.

(28).

. . . . & qu'on chériſſe Auguſte.

C'eſt de bonne heure qu'Octave prend ici le nom d'Auguſte. Suétone nous dit qu'Octave ne fut ſurnommé Auguſte , par un décret du ſénat, qu'après la bataille d'Actium. On balança ſi on lui donnerait le titre d'Auguſtus ou de Romulus. Celui d'Auguſtus fut préféré ; il ſignifie vénérable , & même quelque choſe de plus qui répond au grec *ſebaſtos*. Il eſt bien plaiſant de voir aujourd'hui quelles gens prennent le titre de vénérables.

Il paraît pourtant qu'Octave avoit déja oſé s'arroger le ſurnom d'Auguſte à ſon premier conſulat qu'il ſe fit donner à l'âge de vingt . ans contre toutes les loix , où plutôt qu'Agrippa & les légions lui firent donner. Ce fut cet Agrippa qui fit ſa fortune , mais Octave ſut enſuite la conſerver & l'accroître.

(29).

Et que Rome elle-même apprenne à nous aimer.

Il eft conftant que ce fut à la fin le but d'Octave après tant de crimes. Il vécut affez long-tems pour que la génération qu'il vit naître oubliât prefque les malheurs de fes peres. Il y eut toujours des cœurs romains qui détefterent la tyrannie, non-feulement fous lui, mais fous fes fucceffeurs : on regretta la république, mais on ne put la rétablir ; les empereurs avaient l'argent & les troupes. Ces troupes enfin furent les maîtreffes de l'état, car les tyrans ne peuvent fe maintenir que par les foldats ; tôt ou tard les foldats connaiffent leurs forces, ils affaffinent le maître qui les paye, & vendent l'empire à d'autres. Cette Rome fi fuperbe, fi amoureufe de la liberté, fut gouvernée comme Alger ; elle n'eut pas même l'honneur de l'être comme Conftantinople, où du moins la race des Ottomans eft refpectée. L'empire romain eut très rarement trois empereurs de fuite de la même famille de-

puis Néron. Rome n'eut jamais d'autre confola-
tion que celle de voir fes empereurs égorgés par
les foldats. Saccagée enfin plufieurs fois par les
barbares , elle eft réduite à l'état où nous la
voyons aujourd'hui.

Je finirai par remarquer ici que l'entreprife
défefpérée que le poète attribue à Sextus Pompée & à Fulvie , eft un trait de furieux qui veu-
lent fe venger à quelque prix que ce foit , fûrs
de perdre la vie en fe vengeant ; car fi l'auteur
leur donne quelque efpérance de pouvoir faire
déclarer les foldats en leur faveur, c'eft plutôt
une illufion qu'une efpérance. Mais enfin , ce
n'eft pas un trait d'ingratitude lâche comme la
confpiration de Cinna. Fulvie eft criminelle ,
mais le jeune Pompée ne l'eft pas. Il eft profcrit , on lui enleve fa femme , il fe réfout à
mourir pourvu qu'il puniffe le tyran & le ra-
viffeur. Augufte fait ici une belle action en le
laiffant aller comme un brave ennemi qu'il veut
combattre les armes à la main. Cette générofi-
té même eft préparée dans la piéce par les re-
mors

mords qu'Octave éprouve dès le premier acte.
Mais assurément cette magnanimité n'était pas
alors dans le caractere d'Octave ; le poëte lui
fait ici un honneur qu'il ne méritait pas.

Le rôle qu'on fait jouer à Antoine est peu
de chose , quoiqu'assez conforme à son caractère : il n'agit point dans la piéce ; il y est sans
passion : c'est une figure dans l'ombre qui ne
sert , à mon avis , qu'à faire sortir le personn-
nage d'Octave. Je pense que c'est pour cette
raison que le manuscrit porte seulement pour
titre : *Octave & le jeune Pompée* , & non pas
le Triumvirat ; mais j'y ai ajouté ce nouveau
titre , comme je le dis dans ma préface , parceque les triumvirs étaient dans l'île , & que les
proscriptions furent ordonnées par eux.

J'aurais beaucoup de choses à dire sur le caractère barbare des romains , depuis Sylla jusqu'à la bataille d'Actium , & sur leur bassesse
après qu'Auguste les eut assujettis. Ce contraste
est bien frappant ; on vit des tigres changés en

chiens de chaffe qui léchent les pieds de leurs maîtres.

On prétend que Caligula défigna conful un cheval de fon écurie ; que Domitien confulta les fénateurs fur la fauce d'un turbot ; & il eft certain que le fénat romain rendit en faveur de Pallas, affranchi de Claude, un décret qu'à peine on eut porté du tems de la république en faveur des Paul Emile & des Scipions.

Fin des Notes.

DU GOUVERNEMENT
ET DE LA DIVINITÉ
D'AUGUSTE.

Ceux qui aiment l'hiſtoire ſont bien aiſes de ſavoir à quel titre un bourgeois de Veletry gouverna un empire qui s'étendait du Mont Taurus au Mont Atlas, & de l'Euphrate à l'océan occidental. Ce ne fut point comme dictateur perpétuel, ce titre avait été trop funeſte à Jules Céſar. Auguſte ne le porta que onze jours. La crainte de périr comme ſon prédéceſſeur, & les conſeils d'Agrippa lui firent prendre d'autres meſures. Il accumula inſenſiblement ſur ſa tête toutes les dignités de la république. Treize conſulats, le tribunat renouvellé en ſa faveur de dix ans en dix ans, le nom de prince du ſénat, celui d'empereur qui d'abord ne ſignifiait que général d'armée, mais auquel il fut donner une dénomination plus étendue, ce ſont là les titres qui semblerent légitimer sa puissance. Le sénat ne perdit rien de ses honneurs ; il conserva même toujours de très grands droits. Auguste partagea avec lui toutes les provinces de l'empire; mais il retint pour lui les principales : enfin, maître de l'argent & des troupes, il fut en effet souverain.

Ce qu'il y eut de plus étrange , c'est que Jules César ayant été mis au rang des Dieux après sa mort, Auguste fut Dieu de son vivant. Il est vrai qu'il n'était pas tout-à-fait Dieu à Rome , mais il l'était dans les provinces. Il y avait des temples & des Prêtres. L'abbaye d'Eney à Lyon était un beau temple d'Auguste. Horace lui dit :

Jurandasque tuum per nomen ponimus aras.

Cela veut dire qu'il y avait chez les romains même , d'assez bons courtisans pour avoir dans leurs maisons de petits autels qu'ils dédiaient à Auguste. Il fut donc en effet canonisé de son vivant ; & le nom de Dieu devint le titre , ou le sobriquet de tous les empereurs suivants. Cali-

gula se fit Dieu sans difficulté ; il se fit adorer
dans le temple de Castor & de Pollux. Sa statue
était posée entre ces deux gemeaux ; on lui im-
molait des paons, des faisands, des poules de Nu-
midie, jusqu'à ce qu'enfin on l'immola lui même.
Néron eut le nom de Dieu avant qu'il fut condamné par le sénat à mourir par le supplice des
esclaves.

Ne nous imaginons pas que ce nom de Dieu
signifiait chez ces monstres, ce qu'il signifie parmi nous ; le blasphême ne pouvait être porté
jusque là. *Divus* voulait dire précisément *Sanctus*.
De la liste des proscriptions, & de l'épigramme
orduriere contre Fulvie, il y a loin jusqu'à la divinité. Il y eut onze conspirations contre ce dieu,
si l'on compte la prétendue conjuration de Cinna : mais aucune ne réussit ; & de tous ces misérables qui usurperent les honneurs divins,
Auguste fut sans doute le plus fortuné. Il fut vé-
ritablement celui par lequel la république romaine périt ; car César n'avait été dictateur que dix
mois, & Auguste régna plus de quarante années,

Ce fut dans cet efpace de tems que les mœurs changerent avec le gouvernement. Les armées compofées autrefois de légions romaines & des peuples d'Italie, furent dans la fuite formées de tous les peuples barbares. Elles mirent fur le trône, des empereurs de leurs pays.

Dès le troifieme fiecle il s'éleva trente tyrans prefqu'à la fois, dont les uns étaient de la Tranfilvanie, les autres des Gaules, d'Angleterre ou d'Allemagne. Dioclétien était le fils d'un efclave de Dalmatie. Maximien Hercule était un Villageois de Sirmik. Théodofe était d'Efpagne qui n'était pas alors un pays fort policé.

On fait affez comment l'empire romain fut enfin détruit, comment les Turcs en ont fubjugué la moitié, & comment le nom de l'autre moitié fubfifte encor fur les rives du Danube chez les Marcomans. Mais la plus finguliere de toutes les révolutions, & le plus étonnant de tous les fpectacles, c'eft de voir par qui le Capitole eft habité aujourd'hui.

F I N.

DES CONSPIRATIONS

CONTRE LES PEUPLES

OU

DES PROSCRIPTIONS.

Si l'on remonte à la plus haute antiquité reçue parmi nous ; si l'on ose chercher les premiers exemples des proscriptions dans l'histoire des Juifs ; si nous séparons ce qui peut appartenir aux passions humaines, de ce que nous devons révérer dans les décrets éternels, si nous ne considérons que l'effet terrible d'une cause divine, nous trouverons d'abord une proscription de vingt-trois mille Juifs après l'idolâtrie d'un veau d'or ; une de vingt-quatre mille pour punir l'Israélite qu'on avait surpris dans les bras d'une Madianite ; une de quarante-deux mille hommes de la tribu d'Ephraïm, égorgés à un gué du Jourdain. C'était une vraie proscription ; car ceux de Galaad qui exerçaient la vengeance de Jephté contre les

Ephraïmites, voulaient connaître & démêler leurs victimes en leur faisant prononcer l'un après l'autre le mot *fchibolet* au paffage de la riviere ; & ceux qui difaient *fibolet*, felon la prononciation Ephraïmite, étaient reconnus & tués fur le champ. Mais il faut confiderer que cette tribu d'Ephraïm ayant ofé s'oppofer à Jephté, choifi par Dieu même pour être le chef de fon peuple, méritait fans doute un tel châtiment.

C'eft pour cette raifon que nous ne regardons point comme une injuftice l'extermination entiere des peuples du Canaan ; ils s'étaient attiré cette punition par leurs crimes ; ce fut le Dieu vengeur des crimes qui les profcrivit.

De telles profcriptions commandées par la divinité même, ne doivent pas fans doute être imitées par les hommes ; auffi le genre humain ne vit point de pareils maffacres jufqu'à Mithridate. Rome ne lui avait pas encor déclaré la guerre, lorfqu'il ordonna qu'on affaffinât tous les romains qui fe trouvaient dans l'Afie mineure. Plutarque fait monter le nombre des victimes à cent cinquante mille , Appien le réduit à quatre-vingt mille.

Plutarque n'eft pas croyable , & Appien même exagere. Il n'eft pas vrai-femblable que tant de citoyens romains demeuraffent dans l'Afie Mineure , où ils avaient alors très peu d'établiffements. Mais quand ce nombre ferait réduit à la moitié , Mithridate n'en ferait pas moins abominable. Tous les hiftoriens conviennent que le maffacre fut général , & que ni les femmes , ni les enfans ne furent épargnés.

Mais environ dans ce tems-là même , Silla & Marius exercerent fur leurs compatriotes la même fureur qu'ils éprouvaient en Afie. Marius commença les profcriptions , & Silla les furpaffa. La raifon humaine eft confondue quand elle veut juger des romains. On ne conçoit pas comment un peuple chez qui tout était à l'enchere , & dont la moitié égorgeait l'autre , put être dans ce tems-là même le vainqueur de tous les rois. Il y eut une horrible anarchie depuis les profcriptions de Silla jufqu'à la bataille d'Actium, & ce fut pourtant alors que Rome conquit les Gaules, l'Espagne, l'Egypte, la Syrie, toute l'Asie Mineure & la Grece.

Comment expliquerons-nous ce nombre prodigieux de déclamations qui nous restent sur la décadence de Rome, dans ces tems sanguinaires & illustres ? Tout est perdu, disent vingt auteurs latins, *Rome tombe par ses propres forces, le luxe a vengé l'univers.* Tout cela ne veut dire autre chose, sinon que la liberté publique n'existait plus : mais la puissance subsistait ; elle était entre les mains de cinq ou six généraux d'armée, & le citoyen romain qui avait jusques-là vaincu pour lui-même, ne combattait plus que pour quelques usurpateurs.

La derniere proscription fut celle d'Antoine, d'Octave & de Lépide, elle ne fut pas plus sanguinaire que celle de Silla.

Quelque horrible que fût le régne des Caligula & des Nérons, on ne voit point de proscriptions sous leur empire ; il n'y en eut point dans les guerres des Galba, des Othons, des Vitellius

Les Juifs feuls renouvellerent ce crime fous Trajan. Ce prince humain les traitait avec bonté. Il y en avait un très grand nombre dans l'Egypte & dans la province de Cyrène. La moitié de l'île de Chypre était peuplée de Juifs. Un nommé *André* qui fe donna pour un Méffie , pour un libérateur des Juifs , ranima leur exécrable enthoufiafme qui paraiffait affoupi. Il leur perfuada qu'ils feraient agréables au Seigneur , & qu'ils rentreraient enfin victorieux dans Jérufalem , s'ils exterminaient tous les infideles dans les lieux où ils avaient le plus de fynagogues. Les Juifs féduits par cet homme maffacrerent , dit-on , plus de deux cents vingt mille perfonnes dans la Cyrenaïque & dans Chypre. Dion & Eufèbe difent que non contens de les tuer, ils mangeaient leur chair , fe faifaient une ceinture de leurs inteftins, & fe frotaient le vifage de leur fang. Si cela eft ainfi, ce fut, de toutes les confpirations contre le genre humain dans notre continent, la plus inhumaine & la plus épouvantable, & elle dût l'être, puifque la fuperftition en était le principe. Ils fu-

rent punis, mais moins qu'ils ne le méritaient,
puisqu'ils subsistent encore.

Je ne vois aucune conspiration pareille dans
l'histoire du monde, jusqu'au tems de Théodose,
qui proscrivit les habitans de Théssalonique, non
pas dans un mouvement de colere, comme on
l'écrit si indignement, mais après six mois des
plus mures réflexions. Il mit dans cette fureur
méditée un artifice & une lâcheté qui la ren-
daient encor plus horrible. Les jeux publics furent annoncés par son ordre, les habitans invités;
les courses commencerent au milieu de ces ré-
jouissances ; ses soldats égorgerent sept à huit
mille habitans. Quelques auteurs disent quinze
mille. Cette proscription fut incomparablement
plus sanguinaire & plus inhumaine que celle des
triumvirs ; ils n'avaient compris que leurs ennemis dans leurs listes, mais Théodose ordonna que
tout pérît sans distinction. Les triumvirs se con-
tenterent de taxer les veuves & les filles des proscrits , Théodose fit massacrer les femmes & les
enfants , & cela dans la plus profonde paix , &

lorfqu'il était au comble de fa puiffance.

Une profcription beaucoup plus fanglante encore que toutes les précédentes, fut celle d'une
impératrice Théodora, au milieu du neuvieme
fiecle. Cette femme fuperftitieufe & cruelle,
veuve du cruel Théophile, & tutrice de l'infâme Michel, gouverna quelques années Conftantinople. Elle donna ordre qu'on tuât tous les Ma-
nichéens dans fes états. Fleury dans fon hiftoire
éccléfiaftique, avoue qu'il en périt environ cent
mille. Il s'en fauva quarante mille qui fe réfu-
gierent dans les états du Calife, & qui devenus
les plus implacables comme les plus juftes ennemis de l'empire grec, contribuerent à fa ruine.
Rien ne fut plus femblable à notre faint Barthelemi dans laquelle on voulut détruire les proteftans, & qui les rendit furieux.

Cette rage des confpirations contre un peuple
entier fembla s'affoupir jufqu'au tems des Croifa-
des. Une horde de croifés dans la premiere expédi-
tion de Pierre l'Hermite, ayant pris fon chemin
par l'Allemagne, fit vœu d'égorger tous les Juifs

qu'ils rencontreraient fur leur route. Ils allerent à Spire , à Worms, à Cologne, à Mayence , à Francfort ; ils fendirent le ventre aux hommes , aux femmes , aux enfans de la nation Juive qui tomberent entre leurs mains , & chercherent dans leurs entrailles l'or qu'on fuppofait que ces malheureux avaient avalé.

Cette action des croifés reffemblait parfaitement à celle des Juifs de Chypre & de Cyrène, & fut peut être encore plus affreufe , parceque l'avarice fe joignait au fanatifme. Les Juifs alors furent traités comme ils fe vantent d'avoir traité autrefois des nations entieres : mais felon la remarque de Suarez , *ils avaient égorgé leurs voifins par une piété bien entendue , & les croifés les maffacrerent par une piété mal entendue.*

La confpiration contre les albigeois fut de la même efpece , & eut une atrocité de plus ; c'eft qu'elle fut contre des compatriotes , & qu'elle dura plus long-tems. Suarez aurait dû regarder cette profcription comme la plus édifiante de toutes , puifque de faints inquifiteurs condamnerent aux flammes tous les habitans de Béfiers, de Carcaffonne, de Lavaur, & de cent bourgs confidérables ; prefque tous les citoyens furent brûlés en effet, ou pendus, ou égorgés.

S'il eft quelque nuance entre les grands crimes, peut-être la journée des vêpres Siciliennes eft la moins execrable de toutes, quoiqu'elle le foit exceffivement. L'opinion la plus probable, eft que ce maffacre ne fut point prémédité. Il eft vrai que Jean de Procida, émiffaire du roi d'Aragon, préparait dès-lors une révolution à Naples & en Sicile ; mais il paraît que ce fut un mouvement fubit dans le peuple animé contre les provençaux, qui le déchaîna tout d'un coup, & qui fit couler tant de fang. Le roi Charles s'était rendu odieux par le meurtre de Conradin & du duc d'Autriche, deux jeunes héros & deux grands princes dignes de fon eftime, qu'il fit condamner à mort comme des voleurs. Les provençaux qui vexaient la Sicile étaient déteftés. L'un deux fit violence à une femme le lendemain de pâques ; on s'àttroupa, on s'émut, on fonna le tocfin , on cria *meurent les tyrans* ; tout ce qu'on rencontra de provençaux fut maffa-cré ; les innocents périrent avec les coupables.

Je mets fans difficulté au rang des profcriptions le fupplice des templiers. Cette barbarie fut d'autant plus atroce qu'elle fut commife avec l'appareil de la juftice. Ce n'était point une de ces fureurs que la vengeance foudaine ou la né-ceffité de fe défendre femble juftifier ; c'était un projet réfléchi d'exterminer tout un ordre trop fier & trop riche. Je penfe bien que dans cet or-dre il y avait de jeunes débauchés qui méri-taient quelque correction ; mais je ne croirai ja-mais qu'un grand maître , & tant de chevaliers parmi lefquels on comptait des princes , tous vé-nérables par leur âge & par leurs fervices , fuf-fent coupables des baffeffes abfurdes & inutiles dont on les accufait. Je ne croirai jamais qu'un ordre entier de religieux ait renoncé en Europe à la religion chrétienne , pour laquelle il combat-tait en Afie , en Afrique ; & pour laquelle même encor plufieurs d'entr'eux gémiffaient dans les

fers

fers des turcs & des arabes, aimant mieux mourir dans les cachots que de renier leur religion.

Enfin, je crois fans difficulté à plus de quatre-vingts chevaliers qui, en mourant, prennent Dieu à témoin de leur innocence. N'héfitons point à mettre leur profcription au rang des funeftes effets d'un tems d'ignorance & de barbarie.

Dans ce récenfement de tant d'horreurs, mettons fur-tout les douze millions d'hommes détruits dans le vafte continent du nouveau monde. Cette profcription eft à l'égard de toutes les autres ce que ferait l'incendie de la moitié de la terre à celui de quelques villages.

Jamais ce malheureux globe n'éprouva une dévaftation plus horrible & plus générale, & jamais crime ne fut mieux prouvé. Las Cafas, évêque de Chiapa dans la nouvelle Efpagne, ayant parcouru pendant plus de trente années les îles & la terre ferme découvertes, avant qu'il fut évêque ; & depuis qu'il eût cette dignité, témoin oculaire de ces trente années de deftruction, vint enfin en Efpagne dans fa vieilleffe, fe jetter aux pieds de Charles-Quint & du prince Philippe fon fils, & fit entendre fes plaintes qu'on n'avait pas écoutées jufqu'alors. Il préfenta fa requête au nom d'un hémifphère entier : elle fut imprimée à Valladolid. La caufe de plus de cinquante nations profcrites dont il ne fubfiftait que de faibles reftes, fut folemnellement plaidée devant l'empereur. Las Cafas dit que ces peuples détruits étaient d'une efpece douce, faible & innocente, incapable de nuire & de réfifter, & que la plûpart ne connaiffaient pas plus les vêtements, & les armes que nos animaux domeftiques. J'ai parcouru, dit-il, toutes les petites îles Lucaies, & je n'y ai trouvé que onze habitans, refte de plus de cinq cents mille.

Il compte enfuite plus de deux millions d'hommes détruits dans Cuba & dans Hifpaniola, & enfin plus de dix millions dans le Continent. Il ne dit pas, j'ai ouï dire qu'on a exercé ces énormités incroyables, il dit : *je les ai vues : j'ai vu cinq Caciques brûlés pour s'être enfuis avec leurs fujets ; j'ai vu ces créatures innocentes maffacrées par mil-*

tiers ; enfin , de mon tems , on a détruit plus de douze millions d'hommes dans l'Amérique.

On ne lui contefta pas cette étrange dépopulation , quelque incroyable qu'elle paraiffe. Le docteur Sepulvéda qui plaidait contre lui , s'attacha feulement à prouver que tous ces indiens méritaient la mort , parcequ'ils étaient coupables du péché contre nature , & qu'ils étaient antropophages.

Je prends Dieu à témoin , répond le digne évêque Las Cafas, que vous calomniez ces innocents après les avoir égorgés. Non , ce n'était pas parmi eux que régnait la pédéraftie, & que l'horreur de manger de la chair humaine s'était introduite ; il fe peut que dans quelques contrées de l'Amérique que je ne connais pas , comme au Brefil ou dans quelques îles , on ait pratiqué ces abominations de l'europe ; mais ni à Cuba, ni à la Jamaïque, ni dans l'Hifpaniola , ni dans aucune île que j'ai parcourues , ni au Pérou, ni au Méxique où eft mon évêché , je n'ai entendu jamais parler de ces crimes ; & j'en ai

L ij

fait les enquêtes les plus exactes. C'est vous qui êtes plus cruels que les antropophages ; car je vous ai vu dresser des chiens énormes pour aller à la chasse des hommes, comme on va à celle des bêtes fauves. Je vous ai vus donner vos semblables à dévorer à vos chiens. J'ai entendu des Espagnols dire à leurs camarades , prête-moi une longe d'indien pour le déjeuner de mes dogues , je t'en rendrai demain un quartier. C'est enfin chez vous seuls que j'ai vu de la chair humaine étalée dans vos boucheries , soit pour vos dogues , soit pour vous-mêmes. Tout cela , continue-t-il , est prouvé au procès , & je jure par le grand Dieu qui m'écoute , que rien n'est plus véritable.

Enfin , Las Casas obtint de Charles-Quint des loix qui arrêterent le carnage réputé jusqu'alors légitime , attendu que c'était des chrétiens qui massacraient des infidèles.

La proscription juridique des habitans de Mérindol & de Cabriere , sous François I , en 1546 , n'est à la vérité qu'une étincelle en comparaison de

cet incendie univerfel de la moitié de l'Amérique.
Il périt dans ce petit pays environ cinq à fix mille
perfonnes des deux fexes & de tout âge. Mais cinq
mille Citoyens furpaffent en proportion dans un
canton fi petit, le nombre de douze millions dans
la vafte étendue des îles de l'Amérique, dans le
Méxique, & dans le Pérou. Ajoutez fur-tout que
les défaftres de notre patrie nous touchent plus
que ceux d'un autre hemifphère.

Ce fut la feule profcription revêtue des for-
mes de la juftice ordinaire ; car les templiers
furent condamnés par des commiffaires que le
pape avoit nommés, & c'eft en cela que le maffacre de Mérindol porte un caractère plus affreux
que les autres. Le crime eft plus grand quand il
eft commis par ceux qui font établis pour répri-
mer les crimes & pour protéger l'innocence.

Un avocat général du parlement d'Aix nommé
Guerin, fut le premier auteur de cette boucherie.
C'était, dit l'hiftorien Céfar Noftradamus, *un
homme noir ainfi de corps que d'ame, autant froid
orateur que perfécuteur ardent & calomniateur*

effronté. Il commença par dénoncer en 1540 dix-neuf personnes au hazard comme hérétiques. Il y avait alors un violent parti dans le parlement d'Aix, qu'on appellait les brûleurs. Le président d'Oppède était à la tête de ce parti. Les dix-neuf accusés furent condamnés à la mort sans être entendus, & dans ce nombre il se trouva quatre femmes & cinq enfans qui s'enfuirent dans des cavernes.

Il y avait alors, à la honte de la nation, un inquisiteur de la foi en Provence, il se nommait frere Jean de Rome. Ce malheureux accompagné de satellites allait souvent dans Mérindol & dans les villages d'alentour ; il entrait inopinément & de nuit dans les maisons où il était averti qu'il y avait un peu d'argent ; il déclarait le pere, la mere & les enfans hérétiques, leur donnait la question, prenait l'argent, & violait les filles. Vous trouverez une partie des crimes de ce scélérat dans le fameux plaidoyer d'Aubri, & vous remarquerez qu'il ne fut puni que par la prison.

Ce fut cet inquisiteur qui, n'ayant pu entrer

chez les dix-neuf accufés, les avait fait dénoncer au parlement par l'avocat général Guerin,
quoiqu'il prétendît être le feul juge du crime
d'héréfie. Guerin & lui foutinrent que dix-huit
villages étaient infectés de cette pefte. Les dix-
neuf citoyens échappés devaient felon eux faire
révolter tout le canton. Le préfident d'Oppède,
trompé par une information frauduleufe de Guérin, demanda au roi des troupes pour appuyer
la recherche & la punition des dix-neuf prétendus coupables. François I, trompé à fon tour,
accorda enfin les troupes. Le vice-légat d'Avi-
gnon y joignit quelques foldats. Enfin en 1544
d'Oppède & Guerin à leur tête mirent le feu à
tous les villages; tout fut tué, & Aubri rapporte
dans fon plaidoyer que plufieurs foldats affouvi-
rent leur brutalité fur les femmes & fur les filles
expirantes qui palpitaient encore. C'eft ainfi
qu'on fervait la religion.

Quiconque a lu l'hiftoire, fait affez qu'on fit
juftice; que le parlement de Paris fit pendre l'a-
vocat général, & que le préfident d'Oppède

échappa au supplice qu'il avait mérité. Cette grande cause fût plaidée pendant cinquante audiences. On a encor les plaidoyers, ils sont curieux. D'Oppède & Guérin alléguaient pour leur justification tous les passages de l'écriture, où il est dit :

Frappez les habitans par le glaive, détruisez tout jusqu'aux animaux (1).

Tuez le vieillard, l'homme, la femme, & l'enfant à la mammelle (2).

Tuez l'homme, la femme, l'enfant sevré, l'enfant qui tete, le bœuf, la brebis, le chameau & l'âne (3).

Ils alléguaient encor les ordres & les exemples donnés par l'église contre les hérétiques. Ces exemples & ces ordres n'empêcherent pas que Guerin ne fût pendu. C'est la seule proscription de cette espece qui ait été punie par les loix, après avoir été faite à l'abri de ces loix mêmes.

Il n'y eut que vingt-huit ans d'intervalle entre

(1) Deut. chap. 13.
(2) Josué, chap. 16.
(3) Premier Liv. des Rois, chap. 15.

les maffacres de Mérindol & la journée de la
faint Barthelemi. Cette journée fait encor dref-
fer les cheveux à la tête de tous les français, excepté ceux d'un abbé qui a ofé imprimer en 1758
une efpece d'apologie de cet événement exécrable. C'eft ainfi que quelques efprits bizares ont
eu le caprice de faire l'apologie du diable. *Ce ne
fut* , dit-il , *qu'une affaire de profcription.* Voilà
une étrange excufe ! Il femble qu'une affaire de
profcription foit une chofe d'ufage comme on dit,
une affaire de barreau , une affaire d'intérêt, une
affaire de calcul , une affaire d'églife.

Il faut que l'efprit humain foit bien fufcepti-
ble de tous les travers , pour qu'il fe trouve au
bout de près de deux cents ans un homme qui de
fang froid entreprend de juftifier ce que l'europe
entiere abhorre. L'archevêque Perefixe prétend
qu'il périt cent mille français dans cette confpiration religieufe. Le duc de Sully n'en compte
que foixante & dix mille. M. l'Abbé abufe du
martyrologe des calviniftes , lequel n'a pu tout
compter, pour affirmer qu'il n'y eut que quinze

mille victimes. Eh ! Monfieur l'Abbé ! ne ferait-ce rien que quinze mille perfonnes égorgées , en pleine paix , par leurs concitoyens !

Le nombre des morts ajoute fans doute beau-coup à la calamité d'un nation , mais rien à l'a-trocité du crime. Vous prétendez , homme cha-ritable , que la religion n'eut aucune part à ce petit mouvement populaire. Oubliez-vous le ta-bleau que le pape Grégoire XIII fit placer dans le vatican , & au bas duquel était écrit , *Pontifex Colignii necem probat.* Oubliez-vous fa proceffion folemnelle de l'églife faint Pierre à l'églife faint Louis , le *Te Deum* qu'il fit chanter , les médail-les qu'il fit frapper pour perpétuer la mémoire de l'heureux carnage de la faint Barthelemi. Vous n'avez peut-être pas vu ces médailles ; j'en ai vu entre les mains de M. l'abbé de Rothelin. Le pape Grégoire y eft repréfenté d'un côté , & de l'autre c'eft un ange qui tient une croix dans la main gauche & une épée dans la droite. En voilà-t-il affez , je ne dis pas pour vous convain-cre , mais pour vous confondre ?

La conjuration des Irlandais catholiques , contre les proteftans , fous Charles I , en 1641 , eft une fidele imitation de la faint Barthelemi. Des hiftoriens anglais contemporains , tels que le chancelier Clarendon & un chevalier Jean Temple , affurent qu'il y eut cent cinquante mille hommes de maffacrés. Le parlement d'Angleterre dans fa déclaration du 25 Juillet 1643 , en compte cent cinquante mille : mais M. Brooke qui paraît très inftruit , crie à l'injuftice dans un petit livre que j'ai entre les mains. Il dit qu'on fe plaint à tort , & il femble prouver affez bien qu'il n'y eût que quarante mille citoyens d'immolés à la religion , en y comprenant les femmes & les enfans.

J'omets ici un grand nombre de profcriptions particulieres. Les petits défaftres ne fe comptent point dans les calamités générales ; mais je ne dois point paffer fous filence la profcription des habitans des vallées du Piémont en 1655.

C'eft une chofe affez remarquable dans l'hiftoire, que ces hommes prefque inconnus au refte du monde aient perféveré conftamment de tems im-

mémorial dans des ufages qui avaient changé par-
tout ailleurs. Il en eft de ces ufages comme de
la langue : une infinité de termes antiques fe con-
fervent dans des cantons éloignés , tandis que les
capitales & les grandes villes varient dans leur
langage de fiecle en fiecle.

Voilà pourquoi l'ancien roman que l'on parlait
du tems de Charlemagne fubfifte encor dans le
jargon du pays de Vaux qui a confervé le nom
de pays roman. On retrouve des veftiges de ce
langage dans toutes les vallées des Alpes & des
Pyrenées. Les peuples voifins de Turin qui habi-
taient les cavernes Vaudoifes , garderent l'habil-
lement , la langue , & prefque tous les rites du
tems de Charlemagne.

On fait affez que dans le huitieme & dans le
neuvieme fiecle , la partie feptentrionale de l'occident ne connaiffait point le culte des images ;
& une bonne raifon, c'eft qu'il n'y avait ni pein-
tre ni fculpteur : rien même n'était décidé encor
fur certaines queftions délicates, que l'ignorance
ne permettait pas d'approfondir. Quand ces points

de controverfe furent arrêtés & réglés ailleurs,
les habitans des vallées l'ignorerent, & étant
ignorés eux - mêmes des autres hommes, ils ref-
terent dans leur ancienne croyance ; mais enfin, ils furent mis au rang des hérétiques & pour-
fuivis comme tels.

Dès l'année 1487, le pape Innocent VIII en-
voya dans le Piémont un légat nommé Albertus
de Capitoneis, archidiacre de Crémone, prêcher
une croifade contr'eux. La teneur de la bulle du
pape eft finguliere. Il recommande aux inquifiteurs, à tous les eccléfiaftiques, & à tous les
moines, » de prendre unanimement les armes
» contre les Vaudois, de les écrafer comme des
» afpics, & de les exterminer faintement ». *In
hæreticos armis infurgant, eofque velut afpides ve-
nenofos conculcent, & ad tam fanctam extermina-
tionem adhibeant omnes conatus.*

La même bulle octroie à chaque fidele le
droit de » s'emparer de tous les meubles & im-
» meubles des hérétiques, fans forme de pro-
» cès ». *Bona quæcumque mobilia , & immo-*

bilia quibuscumque licité occupandis , &c.

Et par la même autorité elle déclara que tous les magiftrats qui ne prêteront pas main - forte feront privés de leurs dignités : *Seculares honoribus , titulis , feudis , privilegiis privandi.*

Les Vaudois ayant été vivement perfécutés, en vertu de cette bulle , fe crurent des martyrs. Ainfi leur nombre augmenta prodigieufement. Enfin la bulle d'Innocent VIII fut mife en exécution à la lettre , en 1655. Le Marquis de Pianeffe entra le 15 d'Avril dans ces vallées avec deux régiments , ayant des capucins à leur tête. On marcha de caverne en caverne , & tout ce qu'on rencontra fut maffacré. On pendait les femmes nues à des arbres , on les arrofait du fang de leurs enfans , & on empliffait leur matrice de poudre à laquelle on mettait le feu.

Il faut faire entrer fans doute dans ce trifte catalogue les maffacres des Cévennes & du Vivarès qui durerent pendant dix ans , au commencement de ce fiecle. Ce fut en effet un mélange continuel de profcriptions & de guerres civiles.

Les combats, les affaſſinats, & les mains des bourreaux ont fait périr plus de cent mille de nos compatriotes, dont dix mille ont expiré ſur la roue, ou par la corde, ou dans les flammes, ſi on en croit tous les hiſtoriens contemporains des deux partis.

Eſt-ce l'hiſtoire des ſerpents & des tigres que je viens de faire ? non, c'eſt celle des hommes. Les tigres & les ſerpents ne traitent point ainſi leur eſpece. C'eſt pourtant dans le ſiecle de Cicéron, de Pollion, d'Atticus, de Varius, de Tibulle, de Virgile, d'Horace, qu'Auguſte fit ſes proſcriptions. Les philoſophes de Thou & Montagne, le chancelier de l'Hôpital vivaient du tems de la ſaint Barthelemi, & les maſſacres des Cévennes ſont du ſiecle le plus floriſſant de la monarchie françaiſe. Jamais les eſprits ne furent plus cultivés, les talents en plus grand nombre, la politeſſe plus générale. Quel contraſte, quel cahos, quelles horribles inconſéquences compoſent ce malheuréux monde ! On parle des peſtes, des tremblements de terre, des embrasements, des déluges, qui ont désolé le globe ; heureux, dit on, ceux qui n'ont pas vécu dans le tems de ces bouleversements ! Disons plutôt heureux ceux qui n'ont pas vu les crimes que je retrace. Comment s'est-il trouvé des barbares pour les ordonner, & tant d'autres barbares pour les exécuter ? Comment y a-t-il encor des inquisiteurs & des familiers de l'inquisition ?

Un homme modéré, humain, né avec un caractere doux, ne conçoit pas plus qu'il y ait eu parmi les hommes des bêtes féroces ainsi altérées de carnage, qu'il ne conçoit des métamorphoses de tourterelles en vautours ; mais il comprend encor moins que ces monstres aient trouvé à point nommé une multitude d'exécuteurs. Si des officiers & des soldats courent au combat sur un ordre de leurs maîtres, cela est dans l'ordre de la nature ; mais que sans aucun examen ils aillent assassiner de sang froid un peuple sans défense, c'est ce qu'on n'oserait pas imaginer des furies mêmes de l'enfer. Ce tableau souleve

tellement

tellement le cœur de ceux qui se pénetrent de ce qu'ils lisent, que pour peu qu'on soit enclin à la tristesse, on est fâché d'être né ; on est indigné d'être homme.

La seule chose qui puisse consoler, c'est que de telles abominations n'ont été commises que de loin à loin ; n'en voilà qu'environ vingt exemples principaux dans l'espace de près de quatre mille années. Je sais que les guerres continuelles qui ont désolé la terre sont des fléaux encore plus destructeurs par leur nombre & par leur durée ; mais enfin, comme je l'ai déja dit, le péril étant égal des deux côtés dans la guerre, ce tableau révolte bien moins que celui des proscriptions, qui ont toutes été faites avec lâcheté, puisqu'elles ont été faites sans danger, & que les Silla & les Augustes n'ont été au fond que des assassins qui ont attendu des passants au coin d'un bois, & qui ont profité des dépouilles.

La guerre paraît l'état naturel de l'homme. Toutes les sociétés connues ont été en guerre,

M

excepté les Brames & les Primitifs que nous ap-
pellons Quakres. Mais il faut avouer que très
peu de sociétés se sont renduës coupables de ces
assassinats publics appellés proscriptions. Il n'y en
a aucun exemple, dans la premiere antiquité connue, excepté chez les Juifs. Le seul roi de l'Orient
qui se soit livré à ce crime est Mithridate ; &
depuis Auguste il n'y a eu de proscriptions dans
notre hemisphère que chez les chrétiens qui occupent une très petite partie du globe. Si cette
rage avait saisi souvent le genre humain, il n'y
aurait plus d'hommes sur la terre, elle ne serait
habitée que par les animaux qui font sans contre-
dit beaucoup moins méchants que nous. C'est à la
philosophie, qui fait aujourd'hui tant de progrès,
d'adoucir les mœurs des hommes ; c'est à notre
siecle de réparer les crimes des siecles passés. Il est
certain que quand l'esprit de tolérance sera établi,
on ne pourra plus dire :

Ætas parentum pejor avis tulit
Nos nequiores, mox daturos
Progeniem vitiosiorem.

On dira plutôt, mais en meilleurs vers que
ceux-ci :

Nos ayeux ont été des monstres exécrables,
    Nos peres ont été méchants,
    On voit aujourd'hui leurs enfans ;
Etant plus éclairés devenir plus traitables.

Mais pour ofer dire que nous fommes meilleurs que nos ancêtres, il faudrait que nous trou-
vant dans les mêmes circonftances qu'eux, nous
nous abftinffions avec horreur des cruautés dont
ils ont été coupables, & il n'eft pas démontré que
nous fuffions plus humains en pareil cas. La phi-
lofophie ne pénetre pas toujours chez les grands
qui ordonnent, & encore moins chez les hordes
des petits qui exécutent. Elle n'eft le partage que
des hommes placés dans la médiocrité, également
éloignés de l'ambition qui opprime, & de la baffe
férocité qui eft à fes gages.

Il eft vrai qu'il n'eft plus de nos jours de perfé-
cutions générales. Mais on voit quelquefois de
cruelles atrocités. La fociété, la politeffe, la raifon
infpirent des mœurs douces ; cependant quel-

ques hommes ont cru que la barbarie était un de leurs devoirs. On les a vus abuſer de leur état juſqu'à ſe jouer de la vie de leurs ſemblables en colorant leur inhumanité du nom de juſtice ; ils ont été ſanguinaires ſans néceſſité : ce qui n'eſt pas même le caractere des animaux carnaſſiers. Toute dureté qui n'eſt pas néceſſaire eſt un outrage au genre humain.

Puiſſent ces réfléxions ſatisfaire les ames ſenſibles & adoucir les autres !

F I N.

9 782019 946340